불학의 범

[사]세화불학원의궤편찬회 편역

[새]세화불학원 信行憲章

일삼오공

나모붓다야!

[새]세화불학원은 붓다의 가르침[보디]을 공부하며, 붓다의 제자 바웃대[불재]들의 신행문화인 의례를 연구하고 실천하는 배움터입니다.

그 구체적인 실천방법은 일삼오공(一三悟空)입니다.

첫째, 깨치신 분 붓다의 명호를 칭명 예경하여 나의 몸과 마음이 붓다의 몸과 마음과 하나이기를 기원하는 **나모붓다야** 십념칭명을 일심으로 실천합니다[一].

둘째, **나모붓다야** 십념칭명을 하루 삼 회 실천하며[염불], 붓다의 말씀인 경전을 읽고[간경], 조용히 마음을 멈추고 일체[나와 대상과 가르침]를 사유하고 관찰하며[명상], 계정혜 삼학을 실천합니다[三].

셋째, 그 결과 나와 세상의 일체에는 고유의 속성이 따로 없음을 깨칩니다. 일체[오온, 6근 12처 18계]는 연기적 존재이므로 무상하며 무아이고, 그것을 깨쳐 바로 알지 못하면 고통이라는 붓다의 교설을 깨닫는 것입니다[悟空].

[새]세화불학원에서 붓다를 뵙고 길벗을 만나 함께 깨침을 이루고자 하는 분들을 기다립니다.

빠라미따!

序言: 일러두기

의문과 행위의 일치

나모붓다야

불보살님께 공양 올리는 것은 첫째 불보살님께 귀의할 뿐 다른 삿된 스승을 따르지 않겠다는 서원이며, 공덕을 짓는 복전(福田)에 복의 종자를 심는 것이 된다.

절은 사찰의 '찰'자에서 왔는데, '찰'은 찰다라(刹多羅)에서 비롯됐고, 이는 '양산(陽傘)'이란 의미의 차트라(Chattra)의 음역어이다. 후대 복의 씨를 뿌리는 땅[土]이라는 뜻으로 쓰였다. 절에 와서 불보살님께 절을 올리고 공양 올리는 것은 단순히 복(福)을 받기 위함이 아니다. 바른길을 걷고자 하는 서원이며 자기 다짐이다.

이 불학의범은 사단법인 세화불학원 의궤편찬회에서 새불교운동 차원에서 실천할 의례를 편찬한 본이다. 불교 신앙과 수행인 신행의 시[始] 의례는 예경 교화이고, 불교 신행의 마지막[終] 의례는 참선 수행이라고 할 수 있다. 일찍이 안진호 화상이 『석문의범』 편찬 방식으로 채택한 방식을 본 의범에서도 차용하였다.

시의 교적(教的) 의례인 예경 교화에는 예경의·염송요경·권공의·시식의·칠재의문을 배치하였으며, 종의 선적(禪的) 의례에는 좌선문과 삼매: 심일경성(心一境性)을 편제하였다.

예경의는 대웅전을 중심으로 각 전각에 모셔진 불격과 보살,

신중격의 예경을 비롯하여 하단의 혼령들을 위한 염송게송(念誦偈頌)을 편집하였다. 향게와 진언 혹은 다게로 차를 올린 다음 모셔진 존자를 찬탄하며 주불과 보처보살에 예경하는 방식이다.

염송경전은 평소 일상 예경 이후 염송하거나 칠칠재 법석에서 활용할 수 있도록 시설하였다. 매 칠재에 해당 경전을 염송하거나 칠칠재로 봉행하지 못하고 사십구재만 봉행할 때는 재자가 정성으로 당해 혼령을 위해 염송하는 것도 의미 있을 것이다.

권공의는 종전의 청해 공양하는 형식을 탈피하여, 이미 실내 혹은 야외 등지에 봉안해 모셔놓은 불·보살·신중님께 찬탄하고 예경하며, 또 공양 올리는 형식으로, 봉안 형태에 따른 형식의 일치를 추구한 결과라고 할 수 있다. 이 의범이 기성의 소청 권공 의식과 궤(軌)를 달리하고 있다고 해서 단순히 간략히 축약한 것만은 아니다. 이것은 무엇을 의미하는가.

가령 진언변공 의식을 보면 현재 한국불교에서는 상단과 하단을 구분하지 않고 사다라니 변공으로 진행되고 있다. 그렇지만 『결수문』의 형식이나 『진언권공』(1496)이나 중국불교 의례 의문에는 변식진언과 감로수진언만 활용하고 등 동일하지 않다. 그래서 본 의범에서는 『진언권공』 방식인 변식진언·출생공양진언·정식진언으로 변공하는 방식을 택하였다. 이를 위해 사시마지와 재일의 권공의식을 달리 편제하였다. 다만 사시마지에는 『진언권공』(1496)을 활용하되, '권공의'에서는 각 재일에 봉안 성현님들께 예경하며, 권공하는 형태로 편집하였다.

연유는 무엇인가. 각 재일의 권공의 형태는, 수륙재·예수재

6 서 언

· 영산재 때처럼 야단에 법석을 세우고 그곳에 삼보님과 신중님을 청해 자리를 권하고 공양 올리는 방식이 아니라, 각 전각에 이미 소청하여 모셔놓은 [봉안] 특정 불·보살님께 예경하고 권공하는 형식이 되어야 바른 의례라 할 수 있기 때문이다. 이곳에 별도로 편찬해 놓지 않은 전각의 예경이나 권공은 찬탄 예경 권공 축원 등의 순서로 봉행하면 무난할 것으로 본다.

시식의는 재회를 위해 사찰을 찾아온 혼령을 맞이하는 영혼식(迎魂式)과 제수를 올리거나 베푸는 의식을 편집하였다. 혼령을 맞이하는 영혼식은 시련·대령이라고 통상 이해하고 있는데, 전통의 방식을 제시하면서 동시에 의례의 실제 의미를 중심으로 재편하였다. 영령들에게 제수를 올리는 의식으로 통용진전식으로 불리는 상용영반, 집안 가친이나 친족 영령에게 제수를 올리는 관음시식, 제사 때에 찾아오는 무주고혼을 위한 헌식규, 경전 염송의 법석 도량을 베푼 이후에 함께한 일체 삼보와 유주·무주 혼령을 위해 화엄경 소재의 공양 법식으로 시식하는 화엄시식을 편제하였다.

시식이나 칠칠재 의례에서 망자에 대한 호칭으로 널리 쓰이고 있는 '영가(靈駕)'는 '가마 위의 혼령'이라는 의미이므로 혼령의 이름으로 적절치 않다고 할 수 있다. 혼령이 위패 또는 가마 위에 있을 때만 불려야 하는 한계가 있다. 그래서 본 불학의범에서는 재자의 특정 관계에 있는, 이름을 알 수 있는 혼령을 '영령(英靈)'이라 하고, 불특정 혼령이나 일체 영령을 합해서 부를 때는 '혼령(魂靈)'이라고 지칭하였다.

시식 의식의 일종인 칠칠재의를 새로 정리하였는데, 장례를 마친 혼령이 칠칠재(사십구재)를 위해 사찰에 당도하였을 때,

상황에 따라 의례를 조절하여 봉행할 수 있도록 하였다.

칠칠재 의례의 진행 등으로 볼 때 세 가지 사례를 구분하여 의례를 제시하였다. 제1사례로는 혼령이 사찰에 당도한 날, 사찰 측에서 혼령을 맞이하는 형식으로 다섯 단계로 진행한다. 첫째 혼령이 도착하기 전에 도량을 깨끗이 정화하는 의례로 천수주를 염송하며 감로정수를 도량의 사방에 뿌려 도량을 정화한다. 둘째 혼령을 맞이하는 영혼 의식을 간단하게 행하는 약례와 자세하게 행하는 광례를 제시하였다. 약례는 절 입구에 간단한 탁자를 놓고 혼령의 위패가 도착하면 혼령의 위패에 쇄수하여 관욕한 다음 불전 앞에서 삼보에 예를 올리고 영단에 안치하는 방식이고, 광례는 혼령을 맞이하여 정식으로 관욕을 행하는 방식이다. 셋째는 상단을 향해 거불성으로 예경하여 삼보께 증명을 청하는 의례이다. 넷째는 도착한 혼령에게 간단하게 제수를 올리는 의식이다. 다섯째는 위패를 영단에 안치해 놓는 의식이다. 이것이 혼령이 사찰에 도착한 날에 행하는 의식이라고 할 수 있다.

다음은 초재에서 육재까지의 의례 형식으로, 상단을 향해 혼령이 경전 염송으로 법문을 들려주고, 명부의 시왕께 권공하고 혼령에게도 영반을 올리는 방식으로 진행한다. 마지막 사십구일재의 형식을 제시하였는데, 신중작법, 영혼일에 관욕하지 않았거나 당일 사찰에 도착하였을 경우 혼령에게 관욕하고, 경전을 들려주고, 명부시왕께 권공하고, 혼령에 영반 올리고 봉송하는 형식이다.

불학의범의 마지막은 참선의 수행이다. 예경 교화나 염불과 간경으로 시작한 불교 수행의 마지막 관문은 참선 수행이 그곳에 있어야 한다고 판단하기 때문이다. 좌선문과 삼매 수련의 '심일경성(心一境性)'을 통해 삼매를 증득하고 궁극의 해탈을 이루는 바웃다(불자)가 많아지기를 기원한다.

의례 전후 맥락의 일치를 비롯하여 진언 등 표기의 통일을 추구하였지만 완전하지 못하다. 상좌 불교 경전에는 붓다로, 기존 불교의례인 예경교화 편에는 붓다로 표기한 것이 그것이다. 망인은 영령·혼령으로 표기하였고, 칠칠재 의식은 세 가지 사례로 편찬하였다.

진언을 표시하기 위해 진언의 시작과 끝에 「, 」약물로 경계 표시를 하는 관례가 있는데, 본서에서는 진언의 구조가 '나모 사만다 못다남 옴 도로 도로 디미 스바하'와 같은 경우 '옴'자 앞의 귀경사가 있을 때만 '옴'자부터 마지막 글자까지「, 」약물로 경계를 표시하였다.

또 진언 염송 편수의 경우 가지진언은 일칠·이칠·삼칠편 염송하고, 진공 공양 퇴공 등 의식 진행의 진언은 삼편을 염송하며, 기도 정진을 할 때는 무수히 상황 따라 염송하게 되어 별도로 표기하지 않는 것을 원칙으로 하였다.

절을 할 때는 게송의 끝에 인례가 목탁 소리를 점점 작게 내리면 머리를 숙이는 저두의 반절을 올리고 '일심정례'나 '지심귀명례', '절합니다' 등의 서술어가 나오면 큰절을 올리는데, 일일이 표시하지 않는다.

기성의 방식이 다 옳다거나, 새로운 것이라고 해서 무조건 옳지 않거나 부족하다고 생각하지 마시고 그 원리를 꼼꼼히 살펴 법답게 바르게 불보살님을 믿고 모시며, 불교 신행을 지도하는 것이 불교를 잘하는 것이라고 할 수 있을 것이다.

자세한 방식과 의미 등은 세화불학원 연수를 통해 습득할 수 있다. 새로운 불교 시대를 열 수 있다면 우리가 소망하는 불국정토가 이 땅에 곧바로 펼쳐지게 되지 않을까 한다. 의심이 일어나면 반드시 널리 찾아보고 묻고 하여 알아내고 절차탁마하며 신찬 의례를 익히는 진정한 법사, 재가 거사 신행 도반들이 불같이 일어나기를 소망한다.

끝으로 의궤편찬회에 함께하신 대덕 법사, 거사님들과 함께 신행하시는 도반님들께 깊은 감사를 드립니다.

빠라미따

2025.10.

의궤편찬회

"나모붓다야"를 불교도의 인사말로 —

 남전·북전 세계불교도가 함께 사용할 수 있는 예경의 칭명사 "나모붓다야"를 불교도[바웃대의 인사말, 인사진언으로 활용하자는 운동을 제창합니다. "나모붓다야"는 예경사(禮敬詞)이자 붓다님의 가피를 구하는 진언입니다. 붓다의 명호를 칭명하여 가피를 구하는 인사진언을 처음 만날 때나, 사찰을 방문할 때나, 절을 올릴 때, 불자끼리 인사할 때에 실천하자는 것입니다.

 "나모붓다야"는 "안녕하세요, 안녕히 가세요"의 문안 인사말에서 진일보한 축원 인사말로서, 불교의 산회 인사말 "성불하세요"보다 훨씬 구체적입니다. 대만불교의 "아미타바", 우리 전통의 "나무아미타불" "관세음보살" 칭명 예경에 비해, 상좌 불교와 대승불교에서 두루 통용될 수 있습니다. 아미타바나 관세음보살은 붓다의 공덕과 구제의 표현이므로 근본적으로 다르지 않습니다.

 칭명염불은 붓다께서 일찍부터 가르쳐주신 것이고, 법화경 방편품에도 "나무불" 칭명의 가피가 설해져 있습니다. "나모붓다야" 인사진언은 각기 다른 불교 전통을 이어주는 매개로 세계불교도를 통합하는 구심점이 될 수 있을 것입니다.

 합장하며 "나모붓다야" 하는 칭명 인사는 붓다님을 우리의 바른 스승으로 삼으며 귀의하겠다는 서약이고, 자기정체성을 확립하는 실천 의례입니다. 산회나 헤어질 때는 "반야바라밀; 빠라미따; 바라밀" 등을 사용할 수도 있고, 그냥 "나모붓다야"로 할 수도 있습니다. 인사진언 **"나모붓다야"** 실천을 통해 불교도[바웃대]들의 신행이 통일되고 통합이 다져지기를 기원하며, 제방의 대덕 법사 스님들께 보급을 청하옵니다.

 빠라미따

차 례 次第

始: 예경 교화

예경의

예석가불 ·········· 18
예아미타불 ·········· 20
예약사불 ·········· 22
예관음보살 ·········· 24
예지장보살 ·········· 26
예신중단 ·········· 28
예명부시왕 ·········· 30 · 37
예산왕대신 ·········· 40
예칠성단 ·········· 42
예불발원문 ·········· 44
예참발원문 ·········· 373~385

염송요경

염송의 ·········· 50
법성게(우리말) ·········· 51
혼령법문 ·········· 53

해탈주 ··· 60
부모은중경 ··· 61
법화경 여래수량품 ······························· 71
지장보살본원경 이익존망품 ················ 86
불설아미타경 ····································· 94
금강반야바라밀경 ····························· 105
원각경 보안장 ··································· 119
행복경 ··· 131
자애경 ··· 135
회향의 ··· 138

권공의

도량엄정 ··· 142
진언권공 ··· 148
불전권공의 ······································· 151
신중단권공 ······································· 170
　반야심경 ······································· 172
극락전권공 ······································· 174
　연지대사 극락왕생발원문 ············· 177
약사전권공 ······································· 181
관음전권공 ······································· 186
지장전권공 ······································· 191
산신각권공 ······································· 196

산왕경 ·· 199

시식의
통용진전식[상용영반] ···························· 204
관음시식 ··· 211
헌식규 ·· 246
화엄시식 ··· 252

칠재의문
제1사례: 영혼일 ································· 259
  1-1 도량엄정 ··································· 259
  1-2 영혼 ··· 264
  1-2-1 약례영혼 ································· 264
  1-2-2 광례영혼 ································· 268
제2사례: 초재~육재 ···························· 287
  2-1 설법독경의식 ····························· 287
  2-2 시왕권공 ··································· 289
  2-3 영반 ································· 325~335
제3사례: 사십구일재 ··························· 300
  3-1 신중작법 ··································· 300
  3-2 관욕의식 ····································303
  3-3 설법(독경) ································· 312
  3-4 시왕권공 ··································· 314

3-5 영반 ………………………………… 325
3-6 봉송의 ………………………………… 336

終: 참선 수행

좌선문 ………………………………… 344
삼매: 심일경성 ………………………………… 346

附:

상좌불교 예송 ………………………………… 352
담장 밖의 경 ………………………………… 356
수계의식 ………………………………… 360
포살의식 ………………………………… 370
생일권공의식 ………………………………… 397
반야심경 ………………………………… 403
법성게 ………………………………… 405
신묘장구다라니 ………………………………… 408 · 410

예경의
禮敬儀

예경의식
禮 敬 儀 式

『석문의범』이전 불교 의식을 담고 있는 의궤에는 '예경'에 관한 의식 항목이 보이지 않는다. 그 연유는 여러 가지가 있겠지만 그 첫 번째는 각 전각의 성현들을 다 알고 있으므로 인사드리면 되었기 때문일 것이다.

현대의 중국불교 의궤에도 '예경' 관련 항목은 따로 없음을 볼 수 있는데, 같은 맥락이라고 할 수 있을 것이다. 예경과 유사한 예참의 영향으로 현대 한국불교에는 칠정례라는 예경 형식이 아침저녁 전국의 사암에서 행해진다.

예참은 소의경전에 등장하는 불보살을 청하여 예경하며 공양 올리고 그분들의 원력에 의지하여 참회하는 의식이라고 할 수 있다. 본서의 예경의는 각 전각에 모셔놓은 불보살을 찬탄하며 예경 올리는 방식을 택하고 있다. 이곳에서 선택한 석가불을 위시하여 아홉 전각은 보편적으로 국내 불교 사찰에 봉안되었거나 신행하는 양상을 중심으로 결정하였다.

아침저녁 예경할 때 전각에 들어가 먼저 반배하고 아침에는 청수나 차를 올리며 다게를 염송하고, 예경한 다음 예불발원문을 염송하고, 저녁에는 향을 올린 다음 오분향게와 진언을 염송하고 예경한 뒤 예참발원문(373~385쪽 포살의식 속에 내재) 염송으로 이어지는 형식으로 예경하면 된다.

● 선행 게송

○ 香偈(향게, 저녁 예경 시)

계향 정향 혜향 해탈향 해탈지견향
戒香 定香 慧香 解脫香 解脫知見香

광명운대 주변법계
光明雲臺 周遍法界

공양시방 무량불법승 [저두]
供養十方 無量佛法僧

헌향진언 옴 바아라 도비야 훔 [삼편]
獻香眞言

○ 茶偈(다게, 아침 예경 시)

아금청정수 변위감로다
我今淸淨水 變爲甘露茶

봉헌본사전 원수애납수 [저두]
奉獻本師前 願垂哀納受

제가 이제 청정한 물로 감로차 만들어
본사 전에 바치오니, 받으옵소서.

[아침저녁 각단에 경례를 올릴 때 한국불교 전통의 조다석향 예에 따라 아침에는 청수를 올리면 다게를 염송하되 절을 받는 분에 따라 삼구의 '본사전'에 관음전, 지장전, 산신전 하는 방식으로 교정하여 예경한다. 신중단의 경우 '청정명다약 능제병혼침 유기옹호중 원수애납수'를 염송한 다음 예경한다.]

예석가불
禮釋迦佛

○ 讚偈(찬게)

천상천하무여불 시방세계역무비
天上天下無如佛 十方世界亦無比
세간소유아진견 일체무유여불자
世間所有我盡見 一切無有如佛者

천상천하 어디에도 붓다 같은 이 없고
시방세계 어디에도 비슷한 이도 없으며
세간을 다 봐도 붓다 같은 분은 일절 없네.

○ 禮敬(예경)

일심정례 삼계도사 사생자부
一心頂禮 三界導師 四生慈父

시아본사 석가모니불
是我本師 釋迦牟尼佛

일심정례 좌보처 대지 문수보살
一心頂禮 左補處 大智 文殊菩薩

일심정례 우보처 대행 보현보살
一心頂禮 右補處 大行 普賢菩薩

유원 [고두례]
唯願

석가세존 수아정례
釋迦世尊 受我頂禮

원공법계제중생
願共法界諸衆生

자타일시성불도 [저두]
自他一時成佛道

예아미타불
禮阿彌陀佛

○ **香偈**(향게, 저녁 예경 시)

아금지차일주향 변성무진향운개
我今持此一炷香 變成無盡香雲蓋
봉헌극락사성전 원수자비애납수
奉獻極樂四聖前 願垂慈悲哀納受

이 향 한 개비로 한량없는 구름 덮개가 되어
극락의 네 분 성인께 올리오니
자비로써 받으옵소서.

○ **讚偈**(찬게)

무량광중화불다 앙첨개시아미타
無量光中化佛多 仰瞻皆是阿彌陀
응신각정황금상 보계도선벽옥라
應身各挺黃金相 寶髻都旋碧玉螺

무량광중 화신 붓다 많은데 모두 아미타불
응화신들에는 황금상이 빼어나고
보계에는 모두 푸른 구슬 나게 휘감으시네.

일심정례 극락도사 아미타여래불 [절]
一心頂禮 極樂導師 阿彌陀如來佛
일심정례 좌우보처 관음세지
一心頂禮 左右補處 觀音勢至
　　　　양대보살 [절]
　　　　兩大菩薩
일심정례 일체청정
一心頂禮 一切清淨
　　　　대해중보살마하살 [절]
　　　　大海衆菩薩摩訶薩
유원 [고두례] 극락사성 수아정례
唯願　　　　極樂四聖 受我頂禮
원공법계제중생
願共法界諸衆生
동입미타대원해 [저두]
同入彌陀大願海

예약사불
禮藥師佛

○ 讚偈(찬게)

십이대원접군기 일편비심무공결
十二大願接群機 一片悲心無空缺
범부전도병근심 불우약사죄난멸
凡夫顚倒病根深 不遇藥師罪難滅

십이대원으로 중생들 이끄시는
한 조각 자비심에는 조금의 흠결도 없으니
범부의 잘못된 병 깊어
약사불 만나지 않으면 고치기 어렵네.

○禮敬(예경)

일심정례 동방만월세계 십이상원
一心頂禮 東方滿月世界 十二上願

　　　　약사유리광여래불 [절]
　　　　藥師琉璃光如來佛

일심정례 좌보처 일광변조
一心頂禮 左補處 日光遍照

　　　　소재보살 [절]
　　　　消災菩薩

일심정례 우보처 월광변조
一心頂禮 右補處 月光遍照

　　　　식재보살 [절]
　　　　息災菩薩

　유원 [고두례]
　唯願

　　약사여래 수아정례
　　藥師如來 受我頂禮

　　원공법계제중생
　　願共法界諸衆生

　　자타일시성불도 [저두]
　　自他一時成佛道

예관음보살
禮觀音菩薩

○ **讚偈**(찬게)

백의관음무설설 남순동자불문문
白衣觀音無說說 南巡童子不聞聞
병상녹양삼제하 암전취죽시방춘
瓶上綠楊三際夏 巖前翠竹十方春

백의관음 설법함이 없이 설하시고
남순동자 들음 없이 들으시네.
병 속의 푸른 버들 삼세가 여름이고
바위 앞의 푸른 대는 시방의 봄이로세.

○ 禮敬(예경)

일심정례 보문시현 원력홍심
一心頂禮 普門示現 願力洪深
　　　　 대자대비 관세음보살 [절]
　　　　 大慈大悲 觀世音菩薩

일심정례 심성구고 응제중생
一心頂禮 尋聲救苦 應諸衆生
　　　　 대자대비 관세음보살 [절]
　　　　 大慈大悲 觀世音菩薩

일심정례 좌보처 남순동자
一心頂禮 左補處 南巡童子
　　　　 우보처 해상용왕 [절]
　　　　 右補處 海上龍王

　유원 [고두례]
　唯願
　　관음보살 수아정례
　　觀音菩薩 受我頂禮
　　원공법계제중생
　　願共法界諸衆生
　　동입미타대원해 [저두]
　　同入彌陀大願海

예지장보살
禮地藏菩薩

○ 讚偈(찬게)

지장대성위신력 항하사겁설난진
地藏大聖威神力　恒河沙劫說難盡
견문첨례일념간 이익인천무량사
見聞瞻禮一念間　利益人天無量事

지장보살 대 성인의 크신 위신력
항하사 겁 말하여도 다하지 못해
보고 듣고 찰나 동안 예배하여도
인간 천상 모두 함께 이익 얻으리.

○禮敬(예경)

일심정례 유명교주
一心頂禮 幽冥敎主

지장보살마하살 [절]
地藏菩薩摩訶薩

일심정례 좌보처 도명존자 [절]
一心頂禮 左補處 道明尊者

일심정례 우보처 무독귀왕 [절]
一心頂禮 右補處 無毒鬼王

유원 [고두례]
唯願

지장보살 수아정례
地藏菩薩 受我頂禮

원공법계제중생
願共法界諸衆生

동입미타대원해 [저두]
同入彌陀大願海

예신중단
禮神衆壇

○ 讚偈(찬게)

옹호성중혜감명 사주인사일념지
擁護聖衆慧鑑明 四洲人事一念知
애민중생여적자 시고아금공경례
哀愍衆生如赤子 是故我今恭敬禮

옹호성중 지혜로 밝게 살피시니
온 세상 사람 일을 한순간에 아시고
중생을 어린아이처럼 연민히 여기시니
제가 이제 공경히 절합니다.

[104위 수륙 성중을 모셨을 때]

일심정례 금강보살명왕중 [절]
一心頂禮 金剛菩薩明王衆

일심정례 범석사왕일월제천중 [절]
一心頂禮 梵釋四王日月諸天衆

일심정례 하계당처 일체호법
一心頂禮 下界當處 一切護法

　　　　선신등중 [절]
　　　　善神等衆

[39위 화엄 성중을 모셨을 때]

일심정례 화엄회상 욕색제천중
一心頂禮 華嚴會上 欲色諸天衆

일심정례 화엄회상 팔부사왕중
一心頂禮 華嚴會上 八部四王衆

일심정례 화엄회상 호법선신중
一心頂禮 華嚴會上 護法善神衆

[104위 혹은 39위 성중 예경을 마치고 하는 발원]

유원 [고두례] 호법성중 위아옹호불리신
唯願　　　　護法聖衆 爲我擁護不離身

어제난처무제난 심중소원능성취
於諸難處無諸難 心中所願能成就

불법문중 옹호하시는 성현들이시여,
저희를 옹호하여 떠나지 마옵시고
어려움에 처하더라도 어려움 없어지고
마음속의 소원이 이뤄지게 하소서.

예명부시왕
禮冥府十王

○ 禮敬(예경)

일심정례 견사자시 영승흑마 수파
一心頂禮 遣使者時 令乘黑馬 手把

흑번 신착흑의 검망인가 조하공
黑幡 身着黑衣 檢亡人家 造何功

덕 준명방첩 추출죄인 불위서원
德 准名放牒 抽出罪人 不違誓願

제일진광대왕 [절] 유원 [고두례] 자비 수
第一秦廣大王   唯願   慈悲 受

아정례 현증복수 당생정찰
我頂禮 現增福壽 當生淨刹

일심으로 사자를 보낼 때는 검은 말을 타도록 하고 몸
에는 검은 번기를 들게 하며 몸에는 검은 옷을 입게

하여 망인의 집안을 검색하여 어떤 공덕을 지었는지를 이름에 준하는 첩문을 보내 죄인을 추출하되 서원을 어기지 않는 제일 진광대왕님께 절하오니 자비로써 받으시고, 현생에는 복과 수명 늘어나고 내생에는 극락에 나게 하소서.

일심정례 주불사의 대승보살 수원
一心頂禮 住不思儀 大乘菩薩 首願

섭화 증고중생 권현시적 대규환
攝化 拯苦衆生 權現示跡 大叫喚

옥 식본자심 제이초강대왕 유원
獄 植本慈心 第二初江大王 唯願

고무례 자비 수아정례 현증복수 당생
慈悲 受我頂禮 現增福壽 當生

정찰
淨刹

일심으로, 부사의한 자리에 머무시는 대승보살은 먼저 중생을 교화하고 포섭할 것을 서원하고 고통받는 중생을 건지시고 방편으로 자취를 나타내며 크게 고통받는 지옥 중생을 불러 근본의 자비심을 심어주시는 제2 초강대왕님께 절하오니 자비로써 받으시고, 현생에는 복과 수명 늘어나고 내생에는 극락에 나게 하소서.

일심정례 검찰인천 소작과보 유일
一心頂禮 檢察人天 所作果報 有一

비구 구범중죄 지일자람 재거심두
比丘 俱犯重罪 知一字覽 才擧心頭

사면도산 일시박락 왕배례왈 수의
四面刀山 一時撲落 王拜禮曰 隨意

왕생 제삼송제대왕 [절] 유원 [고두례] 자비
往生 第三宋帝大王　　唯願　　　　慈悲

수아정례 현증복수 당생정찰
受我頂禮 現增福壽 當生淨刹

일심으로, 인간세상 지은 과보 살피다가 중죄를 지었으나 람자 한자를 아는 비구가 마음에 람자를 새기자 사면의 칼산이 일시에 떨어져 나가는 것을 보고 "마음대로 극락세계 왕생하소서."라고 절하며 말씀하신 제3 송제대왕님께 절하오니 자비로써 받으시고, 현생에는 복과 수명 늘어나고 내생에는 극락에 나게 하소서.

일심정례 어제선악 불경좌우 직절
一心頂禮 於諸善惡 不傾左右 直截

이단 사무체애 공중현칭 칭량업
而斷 使無滯碍 空中懸秤 秤量業

인 제사오관대왕 [절] 유원 [고두례] 자비
因 第四五官大王　　唯願　　　　慈悲

수아정례 현증복수 당생정찰
受我頂禮 現增福壽 當生淨刹

일심으로, 모든 선악에 대해 좌우 어느 쪽으로 기울지 않고 바르게 판단하여 단정하되 걸림이 없게 하며 공중에 저울을 달아놓고 업의 원인 재어 보는 제4 오관대왕님께 절하오니 자비로써 받으시고, 현생에는 복과 수명 늘어나고 내생에는 극락에 나게 하소서.

일심정례 어미래세 당득작불 호보
一心頂禮 於未來世 當得作佛 號普

현왕여래 십호구족 국도엄정 백
現王如來 十號具足 國土嚴淨 百

복장엄 국명화엄 중생충만 제오
福莊嚴 國名華嚴 衆生充滿 第五

염라대왕 [절] 유원 [고두례] 자비 수아정
閻羅大王　　唯願　　　慈悲 受我頂

례 현증복수 당생정찰
禮 現增福壽 當生淨刹

일심으로, 미래세에 성불하여 보현왕여래라 불리며 십호가 구족되고 국토가 깨끗하게 장엄되고 백복이 장엄하여 나라 이름 화엄이고 보살이 가득하게 되는 제5 염라대왕님께 절하오니 자비로써 받으시고, 현생에는 복과 수명 늘어나고 내생에는 극락에 나게 하소서.

일심정례 죄인소끽 평생지육 약비
一心頂禮 罪人所喫 平生之肉 若非

부모 불입어구 적혈임리 두지여
父母 不入於口 赤血淋漓 斗之如

해 진피죄칙 하겁유한 단분출옥
海 盡被罪則 何劫有限 斷分出獄

제육변성대왕 [절] 유원 [고두례] 자비 수
第六變成大王　　唯願　　　慈悲 受

아정례 현증복수 당생정찰
我頂禮 現增福壽 當生淨刹

일심으로, 죄인이 평생 먹은 고기가 부모가 아니라면

입에 넣지 않았을 것인데 붉은 피가 젖어 스머드니 재어 보면 바다 같아, 그 죄의 보를 받으면 얼마만큼 기한이 돼야 그것을 끊고 지옥에서 나오랴, 제6 변성대왕님께 절하오니 자비로써 받으시고, 현생에는 복과 수명 늘어나고 내생에는 극락에 나게 하소서.

일심정례 세인치심 수청명사 불이
一心頂禮 世人癡心 雖請冥司 不以
예의 연의불칙 내청공양 수록선
禮儀 然依佛勅 乃請供養 收錄善
안 제칠태산대왕 [절] 유원 [고두례] 자비
案 第七泰山大王 唯願 慈悲
수아정례 현증복수 당생정찰
受我頂禮 現增福壽 當生淨刹

일심으로, 세상 사람들은 어리석은 마음에 비록 명부 관리를 청하나 예의에 어긋나서 붓다님의 가르침에 의지하여 곧 청해 공양 올리면 선한 일을 한 사람의 기록문서에 기록하는 제7 태산대왕님께 절하오니 자비로써 받으시고, 현생에는 복과 수명 늘어나고 내생에는 극락에 나게 하소서.

일심정례 요지망인 평생지업 비단
一心頂禮 了知亡人 平生之業 非但
요지 현행선악 역능세찰 심념은
了知 現行善惡 亦能細察 心念隱
행 불착사호 제팔평등대왕 [절] 유원
行 不錯絲毫 第八平等大王 唯願

예명부시왕 35

[고두례] **자비 수아정례 현증복수 당생**
慈悲 受我頂禮 現增福壽 當生

정찰
淨刹

일심으로, 망인의 평생 지은 업을 분명히 알며, 단지 현재 지은 선악을 아는 것이 아니라 마음으로 생각하되 은밀히 실천하는 것까지 세밀히 관찰하여 조금도 착오가 없으신 제8 평등대왕님께 절하오니 자비로써 받으시고, 현생에는 복과 수명 늘어나고 내생에는 극락에 나게 하소서.

일심정례 불불능구 중생정업 약불
一心頂禮 佛不能救 衆生定業 若不

몽아 명왕본원 삼계중생 영겁불
蒙我 冥王本願 三界衆生 永劫不

출 맹화지옥 일일일야 탄지멸화
出 猛火地獄 一日一夜 彈指滅火

제구도시대왕 [절] **유원** [고두례] **자비 수**
第九都市大王 唯願 慈悲 受

아정례 현증복수 당생정찰
我頂禮 現增福壽 當生淨刹

일심으로, 정해진 업이 있는 중생은 붓다님도 구하지 못하니 명왕의 본원을 입지 않으면 삼계의 중생이 하루 한 번 맹렬한 불길이 치솟는 지옥을 영원히 벗어날 수 없는데 탄지 간에 불길을 소멸하는 제9 도시대왕님께 절하오니 자비로써 받으시고, 현생에는 복과 수명 늘어나고 내생에는 극락에 나게 하소서.

일심정례 약무지옥 무일중생 득성
一心頂禮　若無地獄　無一衆生　得成

정각 흥비강존 권성불도 제십오
正覺　興悲降尊　勸成佛道　第十五

도전륜대왕 [절] 유원 [고두례] 자비 수아
道轉輪大王　　唯願　　　慈悲　受我

정례 현증복수 당생정찰
頂禮　現增福壽　當生淨刹

일심으로, 지옥이 없어지고 그곳에 한 중생도 없다면 정각을 이뤘을 것이나 자비를 일으켜 강탄하신 존자시며 성불의 길을 권하시는 제10 오도전륜대왕님께 절하오니 자비로써 받으시고, 현생에는 복과 수명 늘어나고 내생에는 극락에 나게 하소서.

[약소]예명부시왕
略小 禮冥府十王

○禮敬(예경)

일심정례 불위본서 제일진광대왕 [절]
一心頂禮 不爲本誓 第一秦廣大王

유원 [고두례] 자비 수아정례 현증복
唯願   慈悲 受我頂禮 現增福

수 당생정찰
壽 當生淨刹

일심정례 식본자심 제이초강대왕 [절]
一心頂禮 植本慈心 第二初江大王

유원 [고두례] 자비 수아정례 현증복
唯願   慈悲 受我頂禮 現增福

수 당생정찰
壽 當生淨刹

일심정례 수의왕생 제삼송제대왕 〈절〉
一心頂禮 隨意往生 第三宋帝大王

　　유원 [고두례] 자비 수아정례 현증복
　　唯願　　　 慈悲 受我頂禮 現增福

　수 당생정찰
　壽 當生淨刹

일심정례 칭량업인 제사오관대왕 〈절〉
一心頂禮 稱量業因 第四五官大王

　　유원 [고두례] 자비 수아정례 현증복
　　唯願　　　 慈悲 受我頂禮 現增福

　수 당생정찰
　壽 當生淨刹

일심정례 무득작불 제오염라대왕 〈절〉
一心頂禮 無得作佛 第五閻羅大王

　　유원 [고두례] 자비 수아정례 현증복
　　唯願　　　 慈悲 受我頂禮 現增福

　수 당생정찰
　壽 當生淨刹

일심정례 단분출옥 제육변성대왕 〈절〉
一心頂禮 斷分出獄 第六變成大王

　　유원 [고두례] 자비 수아정례 현증복
　　唯願　　　 慈悲 受我頂禮 現增福

　수 당생정찰
　壽 當生淨刹

일심정례 수록선악 제칠태산대왕 〈절〉
一心頂禮 收錄善惡 第七泰山大王

　　유원 [고두례] 자비 수아정례 현증복
　　唯願　　　 慈悲 受我頂禮 現增福

수 당생정찰
壽 當生淨刹

일심정례 불착사호 제팔평등대왕 [절]
一心頂禮 不錯絲毫 第八平等大王

유원 [고두례] 자비 수아정례 현증복
唯願 慈悲 受我頂禮 現增福

수 당생정찰
壽 當生淨刹

일심정례 탄지멸화 제구도시대왕 [절]
一心頂禮 彈指滅火 第九都市大王

유원 [고두례] 자비 수아정례 현증복
唯願 慈悲 受我頂禮 現增福

수 당생정찰
壽 當生淨刹

일심정례 권성불도 제십오도전륜대왕 [절] 유원 [고두례] 자비 수아정례 현증복수 당생정찰
一心頂禮 勸成佛道 第十五道轉輪大王 唯願 慈悲 受我頂禮 現增福壽 當生淨刹

예산왕대신
禮山王大神

○ 讃偈(찬게)

영산석일여래촉 위진강산도중생
靈山昔日如來囑　位鎭江山度衆生
만리백운청장리 운거학가임한정
萬里白雲青嶂裏　雲車鶴駕任閒情

그 옛날 영산에서 여래의 부촉을 받아
강산에 진을 치고 중생을 건지시네.
온 세계에 백운 가득 푸른 산속까지
구름 타고 학을 타고 한가로이 거니시네.

○禮敬(예경)

일심정례 만덕고승 성개한적
一心頂禮 萬德高勝 性皆閑寂

　　　산왕대신 [절] 유원 [고두례] 자비
　　　山王大神　　唯願　　　　慈悲

　　　　수아정례 현증복수 당생정찰
　　　　受我頂禮 現增福壽 當生淨刹

일심정례 차산국내 항주대성
一心頂禮 此山局內 恒住大聖

　　　산왕대신 [절] 유원 [고두례] 자비
　　　山王大神　　唯願　　　　慈悲

　　　　수아정례 현증복수 당생정찰
　　　　受我頂禮 現增福壽 當生淨刹

일심정례 시방법계 지령지성
一心頂禮 十方法界 至靈至誠

　　　산왕대신 [절] 유원 [고두례] 자비
　　　山王大神　　唯願　　　　慈悲

　　　　수아정례 현증복수 당생정찰
　　　　受我頂禮 現增福壽 當生淨刹

예칠성단 (禮七星壇)

○ 讚偈(찬게)

자미대제통성군 십이궁중태을신
紫微大帝統星君 十二宮中太乙神
칠정제림위성주 삼태공조작현신
七政齊臨爲聖主 三台共照作賢臣

여러 성군 거느리는 자미대제는
십이궁 가운데 태을신이라.
칠원성군은 함께 임해 성주가 되고
삼태성은 함께 비춰 어진 신하가 되네.

○ 禮敬(예경)

일심정례 금륜보계 치성광여래불 [절]
一心頂禮 金輪寶界 熾盛光如來佛

　　유원 [고두례] 자비 수아정례
　　唯願　　　　慈悲 受我頂禮

　　현증복수 당생정찰
　　現增福壽 當生淨刹

일심정례 좌우보처 일광월광
一心頂禮 左右補處 日光月光

　　양대보살 [절]
　　兩大菩薩

　　유원 [고두례] 자비 수아정례
　　唯願　　　　慈悲 受我頂禮

　　현증복수 당생정찰
　　現增福壽 當生淨刹

일심정례 북두대성 칠원성군
一心頂禮 北斗大星 七元星君

　　주천열요 제성군중 [절]
　　周天列曜 諸星君眾

　　유원 [고두례] 자비 수아정례
　　唯願　　　　慈悲 受我頂禮

　　현증복수 당생정찰
　　現增福壽 當生淨刹

예불발원문
禮佛發願文

怡山禪師(「緇門警訓」,『韓國佛敎全書』第八册, p.610)

시방에 두루 하신 조어사調御師와 널리 펴신 청정 미묘법微妙法과 삼승三乘 사과四果 해탈승께 귀명하오니 자비를 내려 주사 가련히 여겨 섭수하소서.

(발원하는) 저는 진여眞如 본성을 어기고 미망迷妄의 세계에 부질없이 들어가, 생사生死를 따라 부침浮沈하였고; 색色과 소리[聲]를 좇아 탐욕에 물들어, 열 가지 얽매임과 번뇌로 무상한 인연을 쌓았고; 육근과 육진으로 가없는 죄를 망령스레 지어, 고해苦海의 그릇된 길에 깊숙이 빠져서, 나와 남을 집착하고 굽은 것을 곧은 것이라 억지 부렸습니다.

다생의 업장業障과 일체의 허물을, 우러러 삼보三寶의 자비慈悲에 의지하여 일심一心으로 참회하며 소원합니다.

붓다시여, 선우善友들을 건져내고 서로 도와 번뇌의 깊은 바다에서 벗어나 깨침의 피안彼岸에 이르며, 금생에는 복의 터전과 명운命運의 자리가 각각 풍성해지고; 내생에는 지혜 종자의 싹이 더욱 빼어나기를 함께 바라며, 좋은 나라[中國] 태어나서 좋은 스승 항상 만나; 바른 믿음으로 출가하여 동진童眞으로 불도佛道에 들어가며, 육근六根은 중도中道에 통하여 막히지 아니하고, 삼업三業은 순일하고 동화同和하며, 세속에 물들지 아니하고 청정한 행 항상 닦으며, 금계禁戒를 잘 지켜 땅과 초목 함부로 훼손치 않고; 행동거지 조심하여 미물조차 해치지 않겠습니다.

팔난八難을 만나지 않고, 사연四緣이 빠지지 않아, 반야지가 눈앞에 드러나고, 보리심에서 물러나지 않으며; 정법正法을 닦고 익히며 대승大乘의 요체를 깨쳐, 육바라밀 실천하여 삼기겁해三祇劫海 건너겠습니다.

곳곳에 법法의 깃발 세워 겹겹으로 싸인 의심 없애며, 갖은 마군魔軍 조복하고 삼보三寶를 잇사오며, 시방제불 섬기되 지치지 않고, 일체 법문法門 배워 익혀 통달하며, 복과 지혜 널리 지어 한없는 법계중생 이익 주고, 여섯 종류 신통 얻어 일생의 불과佛果를 원만히 하겠습니다.

[그런 뒤에는] 법계를 버리지 않고 속진에 들어, 관음의 자비심과 같아지고 보현의 원력을 행하며, 여기저기 어디서나 온갖 무리 따라 색신을 나타내어 미묘 법문 설하

며, 지옥 아귀 축생도에 들어 대 광명과 신통을 보이겠습니다.

내 모습을 보는 이나 내 이름을 듣는 이는, 보리심 내고 윤회의 고통을 영원히 헤어나되, 확탕^{鑊湯}지옥 한빙^{寒氷}지옥 향기로운 숲으로 변해지고; 음동^{飮銅}지옥 철환^{鐵丸}지옥 중생들은 극락에 화생^{化生}하며, 온갖 짐승 빚진 이나 원한을 품은 이나, 괴로움 쉬고 복락을 누리게 하겠습니다.

질병 도는 세상에는 약초로 나타내 오랜 병을 치료하고; 굶주리는 세상에는 곡식 되어 가난과 굶주림 건지리니, 오로지 이익 주는 일에 최선을 다하겠습니다.

세세생생 원수거나 친한 이나 함께 사는 권속이나 나고 죽는 고통의 부침^{浮沈}에서 벗어나고; 만겁에 걸친 갈애의 얽매임을 끊어내겠습니다.

일체 중생 똑같이 불도佛道를 이루오며, 허공계가 다하고 나의 발원이 다하도록 유정有情 무정無情이 일체종지一切種智 함께 원만하게 되어지이다.

시방삼세일체불
제존보살마하살
마하반야바라밀

"예불발원문"은 性聰 『緇門警訓註』에는 「怡山然禪師發願文」(『韓佛全』 8-610上)이라 하여 혜연 선사라는 표현은 나오지 않는다. 『精選懸吐 緇門』(安震湖 편, 법륜사, 1981, 2판, 50쪽후)에 "然은 惠然이라"는 협주가 있고; 1970년대 이후 吳果山 『佛子·受持讀誦經』(1976년 초판); 李智冠 編著, 『信行寶鑑』(대각회 출판부, 1980)에는 「이산 혜연 선사 발원문」이라는 이름으로 나타나면서 '慧然'이라고 표기되었다고 보인다.

팔난(八難): 불법 만나는 데 장애가 되는 인연으로, 지옥, 아귀, 축생, 장수천, 울단월(수승처에 머물게 되는 난, 벙어리 귀머거리 등, 출세정법을 믿지 않는 난, 붓다 전후에 태어나는 난 등을 말한다.

사연(四緣): 불법 만나 깨치는 데 도움 되는 인연으로, 因緣, 等無間緣, 所緣緣, 增上緣.

● 예불참회문 (373~385쪽 참조)

염송요경
念誦要經

염송의 (念誦儀)

정구업진언 (淨口業眞言)
수리수리 마하수리 수수리 스바하 [삼편]

안위제신진언 (安慰諸神眞言) (성현을 모시는 진언)
나모 사만다 못다남
「옴 도로도로 지미 스바하」 [삼편]

○ **開經偈呪**(개경게주, 경전과 법장을 여는 게송과 진언)

무상심심미묘법 (無上甚深微妙法)	높고 깊은 붓다님 법
백천만겁난조우 (百千萬劫難遭遇)	만나옵기 어렵건만
아금견문득수지 (我今見聞得受持)	제가 이제 받아 지녀
원해여래진실의 (願解如來眞實義)	참된 의미 깨치리다.

옴 아라남 아라다 [삼편]

하단염송 법성게
下壇念誦 法性偈

義相祖師(625~702) 撰

법과자성 원융하여 두모습이 본래없고
모든법은 동함없이 본래부터 고요하며
이름없고 모습없이 일체가 끊어졌고
깨달음을 얻고보니 다른경계 아니로다.
참된성품 매우 깊어 지극히 미묘하며
자성을 집착않고 인연따라 나타내네.
하나속에 일체있고 일체속에 하나있어
하나가 곧 일체요 일체가 곧 하나라.
하나의 작은 티끌 시방세계 머금었고
낱낱의 티끌마다 시방우주 다 들었네.
한량없는 긴시간이 곧바로 한 찰나고
찰나간의 한순간이 무량한 긴 겁이니
구세와 십세가 얽혀 돌며 일치하니

얽힌듯도 하지만　　　너무도 분명하네.
처음발심 했을 때가　곧바로 정각 자리
생사와 열반 경계　　항상 함께 조화롭네.
실상현상 두자리가　명연하여 구분 없어
열분붓다 보현보살　대인의 경계로세.
해인삼매 진여해에　자재하게 들어가서
한량없는 여의주를　마음대로 쏟아내니
중생돕는 보배비가　허공에 가득 차서
중생들은 그릇따라　온갖이익 얻게되네.
이러하니 수행자는　본향으로 돌아가소.
모든망상 쉬어야만　분명코　가오리니
걸림없는 선교방편　여의주를 얻으시어
본향으로 돌아갈때　노자 돈 삼으시라.
한량없이 많고많은　다라니 보배로써
법계를　실다운　　보전으로 장엄하여
허상을　여의고　　중도 자리 앉으시니
동함없는 그자리를　붓다라 부른다네.

혼령법문
魂靈法門

[돌아가신 분을 깨달음으로 인도하는 법문]

○ 혼령법문 독송법

 혼령법문이란 혼령들에게 제법실상을 보여주는 법문이다. 독송하기 전에 먼저 혼령(魂靈)을 위해 생전에 좋아하고 즐기던 음식들을 정성껏 마련하여 조촐한 제상을 차린다. 특히 상위에는 혼령의 사진 또는 초상화, 위패나 망인이 생전에 가장 아끼던 소중한 물건 등을 반듯하게 올려놓는다. 이어 추천행자(追薦行者)는 설단(設壇)한 바로 정면에 자리를 잡고 단정히 앉은 후에 마치 살아 있는 사람을 마주 대한다는 마음가짐으로 혼령법문을 염송한다. 참회발원, 상단 중단 공양에 이어서 봉행하는 경우가 아니면 천수다라니 3편을 독송하고, '깨달음의 말씀'인 혼령법문을 또박또박 정확하게 천천히 처음부터 끝까지 반복하여 세 번 이상 읽어주되, 시간이 모자랄 때에는 그 혼령에게 관계된다고 생각되는 중요한 대목(게송)만 골라서 세 번 이상 다음 순서에 따라 읽어주면 된다.

○ 거불(擧佛: 입재가지)

　나모상주시방불(南無常住十方佛) 목탁 ↘
　나모상주시방법(南無常住十方法) 목탁 ↘
　나모상주시방승(南無常住十方僧) 목탁 ↘

○ **讚坐偈**(찬좌게, 안좌를 찬탄하는 게송)

불신충만어법계 佛身充滿於法界	법계에 충만하신 붓다님 몸은
보현일체중생전 普現一切衆生前	일체 모든 중생 앞에 드러내시고
수연부감미부주 隨緣赴感靡不周	인연 따라 감응하여 두루하시니
이항처차보리좌 而恒處此菩提座	늘 머무는 이곳이 보리좌로다

목탁 ↘ 요령 삼편 ↘

○○ 모인 ○○ 혼령 [삼편]

혼령법문 1편 (또는 3편) 위고혼 염송

지심제청 지심제수 요령 삼편 ↘

마음 밝혀 떠나가실 ○○○ 혼령이여,

혼령이여 저희들이 일심으로 염불하니
무명업장 소멸하고 반야지혜 드러내어
생사고해 벗어나서 해탈열반 성취하사
극락왕생 하옵시고 모두성불 하옵소서
사대육신 허망하여 결국에는 사라지니
이육신에 집착말고 참된도리 깨달으면

모든고통	벗어나고	붓다님을	친견하리
살아생전	애착하던	사대육신	무엇인고
한순간에	숨거두니	주인없는	목석일세
인연따라	생긴것은	인연따라	흩어지니
태어남도	인연이요	돌아감도	인연인걸
그무엇을	애착하고	그무엇을	슬퍼하랴
몸뚱이를	가진자는	그림자가	따르듯이
일생동안	살다보면	죄없다고	말못하리
죄의실체	본래없어	마음따라	생겨나니
허망분별	없어질때	죄업역시	사라지네
죄란생각	없어지고	마음또한	텅비워서
무념처에	도달하면	참회했다	말하리라
한마음이	청정하면	온세계가	청정하니
모든업장	참회하여	청정으로	돌아가면
혼령님이	가시는길	광명으로	가득하리
가시는길	천리만리	극락정토	어디인가
번뇌망상	없어진곳	그자리가	극락이니
삼독심을	버리고서	붓다님께	귀의하면

무명업장 벗어나고 극락세계 왕생하리
제행은 무상이요 생자는 필멸이라
태어났다 죽는것은 모든생명 이치이니
임금으로 태어나서 온천하를 호령해도
결국에는 죽는것을 혼령님은 모르는가
혼령이여 어디에서 이세상에 오셨다가
가신다니 가시는곳 어디인줄 아시는가
태어났다 죽는것은 중생계의 흐름이라
이곳에서 가시면은 저세상에 태어나니
오는듯이 가시옵고 가는듯이 오신다면
이육신의 마지막을 걱정할것 없으리다
일가친척 많이있고 부귀영화 높았어도
죽는길엔 누구하나 힘이되지 못한다네
맺고쌓은 모든감정 가시는길 짐되오니
염불하는 인연으로 남김없이 놓으소서
미웠던일 용서하고 탐욕심을 버려야만
청정한 마음으로 불국정토 가시리라
삿된마음 멀리하고 미혹함을 벗어나야

반야지혜	이루시고	왕생극락	하오리다
본마음은	고요하여	옛과지금	없다하니
태어남은	무엇이고	돌아감은	무엇인가
붓다님이	관밖으로	양쪽발을	보이셨고
달마대사	총령으로	짚신한짝	갖고갔네
이와같은	높은도리	혼령님이	깨달으면
생과사를	넘겠거늘	그무엇을	슬퍼하랴
뜬구름이	모였다가	흩어짐이	인연이듯
중생들의	생과사도	인연따라	나타나니
좋은인연	간직하고	나쁜인연	버리시면
이다음에	태어날때	좋은인연	만나리라
사대육신	흩어지고	업식만을	가져가니
탐욕심을	버리시고	미움또한	거두시며
사견마저	버리시어	청정해진	마음으로
붓다님의	품에안겨	왕생극락	하옵소서
돌고도는	생사윤회	자기업을	따르오니
오고감을	슬퍼말고	환희로써	발심하여
무명업장	밝히시면	무거운짐	모두벗고

삼악도를 뛰어넘어 극락세계 가오리다
이세상에 처음올때 혼령님은 누구셨고
사바일생 마치시고 가시는이 누구신가
물이얼어 얼음되고 얼음녹아 물이되듯
이세상의 삶과죽음 물과얼음 같사오니
이몸으로 맺은인연 가벼웁게 거두시고
청정해진 업식으로 극락왕생 하옵소서
혼령이여 사바세계 일생동안 짓고지은
모든죄업 남김없이 붓다님께 참회하고
한순간도 잊지않고 붓다님을 생각하면
가고오는 곳곳마다 그대로가 극락이니
첩첩싸인 푸른산은 붓다님의 도량이요
맑은하늘 흰구름은 붓다님의 발자취며
뭇생명의 노래소리 붓다님의 설법이고
대자연의 고요함은 붓다님의 마음이니
불심으로 바라보면 온세상이 불국토요
범부들의 마음에는 불국토가 사바로다
애착하던 사바일생 하룻밤의 꿈만같고

나다너다 모든분별 본래부터 공이거니
빈손으로 오셨다가 빈손으로 가시거늘
그무엇에 얽매여서 극락왕생 못하시리.

○禮聖偈(예성게, 성인께 예하는 게송)

서방정토 안락세계 중생 맞아 이끄시는
아미타불 대도사께 머리 숙여 예배하며
제가 이제 극락에 왕생하기 원하오며
자비하신 원력으로 섭수하여 주옵소서.

해탈주(解脫呪)

위설혼령 지심제청 지심제수
爲說魂靈 至心諦聽 至心諦受

「나모 동방 해탈주세계 허공공덕 청
南無 東方 解脫主世界 虛空功德 清

정미진 등목단정 공덕상 광명화 파
淨微塵 等目端正 功德相 光明華 波

두마 유리광 보체향 최상향 공양흘
頭摩 琉璃光 寶體香 最上香 供養訖

종종장엄 정계 무량무변 일월광명
種種莊嚴 頂髻 無量無邊 日月光明

원력장엄 변화장엄 법계출생 무장
願力莊嚴 變化莊嚴 法界出生 無障

애왕 여래 아라하 삼먁삼불타」
碍王 如來 阿羅訶 三貌三佛陀

○ 入定 · 看經(입정 · 간경)

공양 · 참회 · 정근 · 발원을 한 후 한적한 곳에 자리를 잡고 입재 가지를 염송한 후 가부좌 혹은 반가부좌 자세로 수식관이나 자비관 등 지도 법사의 지도에 따라 명상에 들어간다. 또는 경전을 선택해 마음속으로 염송한다.

부모은중경

　이같이 나는 들었습니다.

　한때 붓다께서는 사위국[왕사성] 기원정사에서 삼만팔천 인의 많은 비구와 보살마하살들과 함께 계셨습니다.

　그때에 세존은 대중을 거느리고 남쪽으로 나아가시다가 한 무더기 마른 뼈를 보셨습니다. 이때 여래께서는 오체를 땅에 엎드려 마른 뼈에 절을 하였습니다.

　대중 가운데 있던 아난이 세존께 사뢰었습니다. "세존이시여, 여래께서는 여러 사람이 귀의하고 공경하는 삼계의 큰 스승이며 사생의 자비로운 어버이시온데 어찌하여 마른 뼈에 절을 하십니까?"

　붓다께서 아난에게 말씀하셨습니다.

　"그대가 비록 출가한 지 오래된 나의 뛰어

난 제자이지만 아직 널리 알지 못하는구나. 이 한 무더기 마른 뼈는 전생의 조부모이거나 오랜 세월에 걸친 인연 있는 부모님의 뼈일 수도 있을 것이다. 그래서 내가 지금 예배하였다."

붓다께서 다시 아난에게 이르셨습니다.

"그대는, 이 한 무더기 마른 뼈를 둘로 나누어 보아라. 만일 남자의 뼈라면 희고 무거울 것이며, 만일 여자의 뼈라면 검고 가벼울 것이다."

아난이 붓다께 아뢰었습니다.

"세존이시여, 남자는 이 세상에 있을 때 큰 옷을 입고 띠를 두르고 신을 신고 모자를 쓰고 다니므로 남자인 줄 알 수 있고, 여자는 이 세상이 있을 때 붉은 주사와 연지를 곱게 바르고 향수로 치장하고 다니므로 여자인 줄 알 수 있을 것입니다. 그러나 사후의 백골은 남녀가 같을 터인데, 제자에게 어떻게 알아보라고 하시는지요."

붓다께서 아난에게 말씀하셨습니다.

"만일 남자라면 이 세상에 있을 때 절에 가서 법문도 듣고 경도 외우며 삼보께 예배도 하고 붓다님의 이름도 생각하였을 것이므로 뼈가 희고 또 무거울 것이며, 여인은 이 세상에 있을 때 정욕에 뜻을 두며, 아들을 낳고 딸을 기르되 한번 아이를 낳을 때 서 말 서 되나 되는 많은 피를 흘리며 여덟 섬 너 말이나 되는 흰 젖을 먹여야 하므로 뼈가 검고 가벼울 것이다."

아난이 이 법문을 듣고, 칼로 가슴을 베인 듯 눈물을 흘리며 슬피 울면서 붓다님께 사뢰었습니다.

"세존이시여, 어떻게 해야 어머니의 은덕을 갚을 수 있습니까?"

붓다께서 아난에게 말씀하셨습니다.

"그대는 잘 들어라. 여래는 이제 그대들을

위해 분별하여 해설하리라.

　첫째는 아이를 가지고 지키며 보호해 준 은혜이다.

　여러 겁에 이어지는 무거운 인연
　금생에도 모태에 다시 의지해
　달수가 차갈수록 오장 생기고
　일곱 달이 지나면 육정 열리네.

　어머니 몸 태산같이 무거워지고
　움직일 때 찬바람이 무서워지며
　비단옷 도무지 걸치지 않고
　화장대엔 먼지만 쌓이게 되네.

　둘째는 해산할 때 괴로움을 받으신 은혜이다.

　아이를 가진 지 열 달이 지나
　참기 힘든 해산날에 이를 즈음이면
　아침마다 중병 든 사람과 같고

나날이 정신은 혼미해지네.

　두렵고 겁난 마음 어찌 다 알까
　근심하는 눈물 흘러 옷깃 적시고,
　슬픔을 머금은 채 어른께 아뢰니
　이러다가 죽지 않나 겁이 납니다.

셋째는 자식을 낳고 모든 근심 잊는 은혜이다.

　자비하신 어머니가 그대 낳은 날
　오장 육부 터지고 갈라지는 듯
　육신도 마음도 기절하는 듯
　양을 잡듯 피 흘리며 괴롭더라도

　갓난아이 충실하단 말을 들으면
　즐겁고 기쁜 마음 비할 데 없네.
　기쁨이 가라앉고 슬픔 생기니
　고통이 온몸에 사무치도다.

넷째는 입에 쓴 것은 삼키고, 단것은 뱉아

먹이는 은혜이다.

  무겁고 깊은 것은 부모님 은혜
  사랑하고 베풂은 쉴 틈 없으니
  단것은 자식 주며 드시지 않고
  쓴 것을 삼켜도 얼굴 환하네.

  사랑이 크고 중해 참기 어렵고
  은혜가 깊음에도 슬픔 더하니
  오직 아이 배부르길 바랄 뿐이라
  어머니는 배고픔도 감수하시네.

  다섯째는 마른자리 골라 뉘고 젖은 자리 눕는 은혜이다.

  어머니는 젖은 자리 누울지라도
  아이는 마른자리 눕게 하시며
  젖 먹여 목마름 달래 주시고
  옷소매로 찬바람 가려주시네.

  한결같은 사랑에 잠조차 잊고

어린아이 재롱에서 기쁨 찾으며
오직 하나 아이만을 편하게 하며
어머니는 편함을 구하지 않네.
여섯째는 젖 먹여 길러주신 은혜이다.

어머니의 높은 은혜 땅과도 같고
아버지의 높은 은혜 하늘과 같네.
하늘 덮고 땅 실음과 다름없듯이
부모님의 마음 또한 그와 같아라.

두 눈이 없다 해도 미워 안하고
손과 발이 장애라도 싫어 안하며.
배 아파 낳은 핏줄 자식들이라
종일토록 아끼시며 사랑 베푸네.

일곱째는 깨끗하지 않은 것을 빨아주신 은혜이다.

지난날 고왔던 어머니 얼굴
아리따운 몸매는 깊고 소담해
푸른 눈썹 버들 빛을 가른 듯하고

붉은 뺨은 연꽃 빛을 빼 닮았으나

은혜가 깊을수록 고운 빛이 바래
더러움을 씻을수록 야위어지고
오로지 아들딸을 사랑하느라
어머니의 얼굴은 상해 가누나.

여덟째는 자식이 먼 길을 떠나면 생각하고 염려하는 은혜이다.

죽어 이별 참기도 괴롭다지만
생전의 이별 역시 아픔은 같고
자식이 먼 곳에 나가게 되면
어머니 마음도 함께 떠나네.

밤낮으로 자식 생각 쉴 틈 없으니
하염없는 눈물은 천만 줄기라
울며불며 새끼 찾는 원숭이같이
걱정하는 마음에 간장 끊기네.

아홉째는 자식 위해 나쁜 일도 마다 않는

은혜이다.

　아버지 어머니는 강산과 같아
　깊고 중한 은혜는 갚기 어려워
　아이들의 괴로움을 대신 받으며
　아이들이 힘들 때면 편안치 않네.

　먼 길을 떠난다는 말을 들으면
　여행길 잠자리 추위 걱정해
　아들딸이 잠시라도 괴롭게 되면
　오래도록 어머니는 마음 졸이네.

　열째는 생을 마칠 때까지 끝없이 자식을 사랑해 준 은혜이다.

　부모 은혜 깊고도 무거운지라
　베푸시는 사랑은 쉴 틈이 없어
　언제나 마음은 자식 따르고
　멀든지 가깝든지 생각 따르네.

　어머니 연세가 백 세 되어도

여든이 된 아들 걱정 여전하시니
이와 같은 부모 은혜 언제 다할까
목숨이 다해야 끝나게 되리."

이때 아난이 붓다께 여쭈었습니다.
"세존이시여, 이 경의 이름을 무엇이라 하며, 어떻게 받들어 지니오리까."

붓다께서 아난에게 말씀하셨습니다.
"이 경은 『대보부모은중경』이라 부를 수 있을 것이다. 이 이름으로 그대들은 받아 지닐지니라."

이때 하늘 사람과 아수라 등 여러 대중이 붓다께서 설하신 법문을 듣고 모두 크게 기뻐하며, 이 말씀을 믿어 받들고 그대로 행하고자 서원하며 인사하고 물러갔습니다.

법화경 여래수량품

그때 붓다께서 여러 보살과 온갖 대중에게 말씀하셨습니다.

"선남자들이여, 그대들은 반드시 여래가 진실하게 밝히시는 말씀을 잘 알고 믿어야 한다."

또다시 여러 대중에게 말씀하셨습니다.

"그대들은 여래가 진실하게 밝히시는 말씀을 잘 알고 믿어야 한다."

붓다께서는 거듭 대중에게 말씀하셨습니다.

"그대들은 여래가 진실하게 밝히시는 말씀을 잘 알고 믿어야 한다."

미륵보살이 상수[좨]가 되어 합장하고 붓다께 여쭈었습니다.

"세존이시여, 말씀하십시오. 저희들은 붓다의 말씀을 반드시 믿고 받들겠습니다."

이렇게 세 번 거듭 여쭙고 다시 여쭈었습니다.

"말씀해 주십시오. 저희는 반드시 붓다의 말씀을 믿고 받들겠습니다."

세존께서 여러 보살이 세 번이나 청하며 그치지 않을 것을 아시고 말씀하셨습니다.

"그대들은 여래의 비밀한 신통의 힘을 자세히 들어라. 온갖 세간의 천신, 사람, 아수라들은 석가모니불께서 석가족의 궁전을 나와 가야성에서 멀지 않은 도량에 앉아 아눗

다라삼먁삼보디를 얻었다고 생각하고 있으나, 선남자들이여, 내가 성불한 지는 실로 한량없고 가없는 백천 만억 나유타 겁이 지났다.

비유하면, 5백 천 만억 나유타 아승기의 삼천대천세계를 부수어 가는 티끌로 만들어서 동방으로 5백 천 만억 나유타 아승기의 나라를 지나면서 이에 티끌 하나씩을 떨어뜨리되 이와 같이 하여 동쪽으로 가면서 이 티끌을 다 떨어뜨리면, 선남자들이여, 그대들의 생각은 어떤가. 이 모든 세계의 수를 생각으로나 계산으로 알 수 있겠는가?"

미륵보살과 여러 대중이 붓다님께 말씀드렸습니다.

"세존이시여, 이 모든 세계는 한량없고 가없어 수로 헤아릴 수도 없고 마음의 생각으로도 다 알 수가 없습니다. 온갖 성문과 벽지불의 샘 없는 지혜로 생각하여도 그 한계의 수를 알지 못할 것이니, 저희들이 불퇴의 자리에 머물지라도 이 일은 바로 알지 못할 것입니다. 세존이시여, 이와 같이 모든 세계는 한량이 없고 가이없습니다."

붓다께서 큰 보살 대중에게 말씀하셨습니다.

"선남자여, 이제 그대들에게 분명히 말하겠다. 이 모든 세계 티끌이 떨어진 곳이나 떨어지지 않은 곳을 모두 부수어 티끌을 만들고 이 한 티끌을 1겁이라 하더라도 내가 붓다를 이룬 것은 다시 이보다 백천 만억 나유타 아승기겁이나 더 오래되었다.

그로부터 지금까지 나는 항상 이 사바세계에서 법을 설하여 교화하고, 또 다른 백천 만억의 나유타 아승기의 나라에서도 중생을 인도하여 이익 되게 하였다.

선남자들이여, 내가 중간에서 연등불을 말하였고 또다시 그를 열반에 들었다고 말하였으나 이런 말은 다 방편으로 분별하여 말한 것이다.

선남자들이여, 만일 내가 있는 곳에 오는 중생이 있다면 나는 붓다의 눈으로 그의 신심과 여러 근기의 날카롭고 둔함을 보아 제도하고, 곳곳에서 설하여 이름이 같지 않으며 연대가 크고 작아 같지 않음을 말하고 또다시 나타나 열반에 든다고 말하기도 하고 또 여러 가지 방편으로 미묘한 법을 설하여 중생들이 기쁜 마음을 일으키게 하였다.

선남자들이여, 여래는 모든 중생이 작은 법을 즐겨 덕이 엷고 업장이 무거운 것으로 보고 이런 사람을 위하여 내가 젊어서 출가하여 아눗다라삼먁삼보디를 얻었다고 말하였다. 그러나 내가 붓다를 이룬 지는 오래되었으므로 다만 방편으로 중생을 교화해서 붓다의 도에 들게 하려고 이와 같이 말하였다.

여러 선남자들이여, 여래가 설한 경전은 다 중생을 제도시켜 해탈케 하기 위한 것이니 혹은 몸을 말하기도 하고 혹 다른 사람의 몸을 말하기도 하며 혹은 자기의 몸을 보이고 혹은 다른 사람의 몸을 보이기도 하고 혹은 자기의 일을 보이기도 하고 혹은 다른 사람의 일을 보이기도 하였으나 이와 같이 말한 것은 다 진실하여 허망하지 않다.

왜냐하면 여래는 진실하게 삼계의 실상을 알고 보아 나고 죽는 것이나 물러나거나 나옴이 없다. 또 세상에 있는 이도 멸도한 이도 없으니, 진실도 아니고 허망함도 아니며 같지도 않고 다르지도 않으며 중생이 삼계를 삼계로 보는 것과는 같지 않다.

이와 같은 일을 여래는 밝게 보아 그릇됨이 없으나 여러 중생에게는 여러 가지 성품과 여러 가지 욕망과 여러 가지 행과 여러 가지의 기억하고 생각하는 것에 분별이 있으므로 여러 선근을 내게 하려고 여러 가지의 인연과 비유와 이야기로 가지가지의 법을 설하여 중생 교화하기를 잠시도 쉬지 않았다.

이와 같이 내가 붓다를 이룬 지도 매우 오래고 멀어서 수명이 한량없는 아승기겁이라 항상 머무르며 멸하지 않는다.

선남자들이여, 내가 본래 보살도를 행하여 수명을 이룬 것이 지금도 오히려 다하지 않았으며 위에서 말한 수의 곱이나 되어 지금 진실한 멸도는 아니지만, 방편으로써 내가 반드시 멸도하리라고 말한 것이니 여래는 이런 방편으로 중생을 교화한다.

왜냐하면 만일 붓다가 세상에 오래 머무르면 덕이 없는 사람은 선근을 심지 않고 빈궁하고 천하여 오욕에 탐착하여 부질없는 생각들과 그릇된 소견의 그물에 걸리게 되기 때문이다. 만일 여래가 멸하지 않고 항상 있는 것을 보면 곧 교만한 생각을 일으켜 싫어지고 게을러서 만나기 어려운 생각과 공경하는 마음을 내지 않으므로 여래는 방편으로 말한다.

비구여, 모든 붓다가 세상에 출현함을 만나기가 참으로 어려움을 알아야 한다. 왜냐하면 박덕한 사람은 한량없는 백천 만억의 겁을 지나서 붓다를 만나기도 하고 혹은 만나지 못한 이도 있으니 이런 일로 내가 이와 같이 말한다.

비구들이여, 여래를 만나기 어렵다고 하면 중생들이 이 말을 듣고 반드시 만나기 어렵다는 생각을 내어 마음속에 사모하는 생각을 품고 붓다를 간절히 만나고 싶어 곧 선근을 심으리니, 여래는 실로 멸도하지 않건만 멸도한다고 말하는 것이다.

선남자들이여, 모든 붓다의 법이 다 이와 같아서 중생을 제도하기 위한 것이니 모두 진실하여 허망하지 않다.

비유를 들어보자. 지혜가 총명하고 통달하여 약의 처방을 잘해 주고 여러 가지 병을 잘 치료하는 훌륭한 의사가 있었다. 그 사람은 자식이 많아 그 수가 열, 스물에서 백 명에 이르렀다. 이 의사가 사연이 있어 멀리 다른 나라에 간 후 모든 아들이 독약을 마시고 그 기운이 온몸에 퍼져 어지러워 땅에 쓰러졌다.

의사가 집에 돌아와서 보니 독약을 마시고 정신을 잃은 아들도 있고 정신을 잃지 않은 아들도 있었다. 이들이 멀리서 오는 아버지를 바라보고 다 크게 기뻐하며 무릎 꿇고 절하며 인사드렸다.

'안녕히 다녀오셨습니까. 저희들이 어리석어 독약을 잘못 마셨으니, 보시고 구원하시어 다시 수명을 주십시오.'

아버지는 아들이 괴로워하는 것을 보고

처방에 따라 빛과 향기와 맛이 다 갖추어져 있는 좋은 약초를 구해다가 방아 찧고 체로 쳐서 섞은 다음 아들에게 먹게 하면서 말했다. '이것은 빛과 향기와 맛을 다 갖춘 매우 좋은 약이니 너희들이 먹으면 고통이 빨리 낫고 다시는 다른 병에 걸리지 않을 것이다.'

정신을 잃지 않은 아들은 이 좋은 약이 빛, 향기, 맛을 갖추고 있는 것을 보고 기뻐하며 약을 먹고 병이 나았다. 그러나 정신을 잃은 아들은 아버지가 오는 것을 보고 비록 기뻐하며 문안드리고 병을 치료하여 주기를 원하였으나 주는 약을 먹지 않았다. 왜냐하면 독약의 독한 기운이 깊이 들어 본심을 잃어버린 까닭에 좋은 빛의 향기로운 약을 좋지 않게 생각하였기 때문이다.

아버지는 이런 생각을 하였다.

'참으로 가엾구나. 독약의 중독으로 마음이 다 뒤집어져 나를 보고 비록 기뻐하고 구

원과 치료를 원하기는 하지만 이런 좋은 약을 먹지 않으니, 지금 방편을 써서 반드시 이 약을 먹게 해야겠다' 하고 이런 말을 하였다.

'나는 지금 늙고 쇠약하여 죽을 때가 되었다. 이 좋은 약을 이곳에 남겨두니 너희들은 먹은 후에 효험이 없을까 근심하지 마라.' 이렇게 가르쳐 주고는 멀리 다른 나라에 가서 사람을 보내어 '너희 아버지는 이미 죽었다'라고 말하게 하였다.

아들들은 아버지께서 세상을 떠나신 소식을 듣고 크게 걱정하며 이런 생각을 하였다.

'만일 아버지께서 계시면 우리를 사랑하고 가엾게 생각하여 구원하고 지켜 주시련만, 지금은 멀리 다른 나라에 가셔서 돌아가셨으니 다시는 믿고 모실 수가 없게 되었구나.'

항상 슬픈 생각을 품고 지내다가 마침내 마음이 깨어나 이 약의 빛과 향기와 맛이 좋음을 알고 먹으니, 독약의 기운이 없어지고 병이 나았다.

마침내 아버지는 아들들이 약의 효험을 보아 병이 나았다는 소식을 듣고 다시 돌아와서 그 아들들을 만났다.

선남자들이여, 그대들의 생각은 어떤가. 이 의사가 거짓을 말한 허물이 죄가 있다고 하겠는가?"

"아닙니다. 세존이시여."

붓다께서 말씀하셨습니다.

"나도 또한 이와 같아 붓다를 이룬 지가 한량없고 가없는 백천 만억 나유타 아승기 겁이지만 중생을 위하는 까닭에 방편으로 반드시 멸도하리라고 설하였으나 또한 법과 같이 설하였으니, 나에게 허망한 죄가 있다고 말할 사람은 없을 것이다."

붓다께서 게송으로 말씀하셨습니다.

"내가 붓다 된 후 지나간 겁의 수는

무량한 백천만 억 아승기이라!
늘 설법해 무수 중생 교화하여
불도 들게 했으니 무량겁이라.
중생을 구하고자 열반을 보일지나
실은 여기서 늘 설법하노니
항상 여기 있되 신통력으로
전도된 자 근처서도 못 보게 함이로다.

대중이 멸도 보고 두루 사리 공양하여
다 그리워하고 사모하는 마음 내며,
중생이 믿고 따라 마음 곧고 유연해져
붓다를 뵙고자 목숨 아니 아끼어야
나는 승가와 영취산 나타나서
중생에게 '내 항상 여기 있건마는
방편 탓에 멸·불멸 나타냄이라.' 이른다.

다른 세계 중생이 공경해 믿더라도
나는 또 그곳에서 무상의 법 설하나니,
너흰 모르고 내 멸도하는 줄만 여기네.

내 보기에 중생들 고뇌에 잠겨 있어
몸을 안 나타내 사모하게 만들어서
그리워할 때 나가 설법하느니,
신통력 이러하여 아승기 겁에
영취산과 여러 곳에 내 늘 있느니라.

중생 눈에 겁 다하여 불이 세계 태울 때도
내 땅은 평안하여 천인 늘 가득하고
숲과 집들 갖가지 보배로 꾸며지고
보배수에 꽃·과일 많아 중생들이 노닐며
천신들 천고(天鼓)를 쳐 늘 음악 연주하며
만다라화 붓다와 대중 위해 뿌려지리.

나의 정토가 끄떡도 없으나 그들 눈에는
불에 타 갖은 고통 가득한 줄 비침이라.
이런 중생들은 악을 지은 인연으로
아승기 겁 삼보의 이름조차 못 듣건만
공덕 닦아 부드럽고 정직한 사람들은
나의 예서 설법함을 볼 수 있나니,
이들에겐 붓다 수명 무량함을 설하고,

오랜만에야 붓다 보는 자에겐
만나기 어려움을 설해 주노라.

내 지력(智力)이 같아 지혜의 빛 무량하며
수명은 끝없나니, 오래 닦은 소득이라
지혜 있는 그대들은 의심치 말고
의혹 모두 끊을지니, 내 말 거짓은 없다.

의사 방편 좋아 미친 아들 고치고자
'죽었다' 하나 거짓이라 할 수 없듯이
나도 중생의 아비로 병 고치는 사람이라
전도한 중생 위해 멸도한다 이르노니
항상 나를 보면 교만하고 게을러져
오욕에 집착해 악도에 떨어지리로다.
중생의 도를 닦고 안 닦음 알아
방편 좇아 갖가지 법 설함이어니,
매양 '무엇으로 중생이 더없는 지혜 얻어
붓다 되게 할 것이랴.' 생각하노라.

지장보살본원경 이익존망품

제7품 산 이도 죽은 이도 이익되게 하다

그때 지장보살마하살이 붓다께 아뢰었습니다.

"세존이시여, 제가 이 염부제의 중생들을 보니, 그들이 행동하고 생각하는 모든 것이 죄 아님이 없습니다. 이익이 되는 좋은 인연을 만나더라도 대개 처음 마음이 나약해지며, 나쁜 인연을 만나면 찰나찰나 나쁜 인연을 더하게 됩니다. 이러한 사람들은 마치 무거운 돌을 지고 진흙길을 걷는 것과 같아서, 갈수록 몸은 지치고 짐은 무거워져 발걸음이 깊은 수렁으로 빠져 듭니다.

다행히 선지식을 만나게 되면 짐의 일부를 짊어져 주기도 하고 전부를 짊어져 주기도 합니다. 선지식은 큰 힘이 있기 때문에 다시 그를 부축하여 힘을 내게 도와주고 인도하여, 평지에 이르러서는 반드시 지나온 나쁜 길을 살펴보게 함으로써 다시는 그런 길을 밟지 않도록 해줍니다.

세존이시여, 악을 익힌 중생은 잠깐 사이라도 한량없는 악을 짓게 됩니다. 중생들이 이와 같은 습성이 있으므로, 임종할 때는 남녀 가족들이 그를 위해 복을 닦아 앞길을 열어주어야 합니다.

이때 깃발과 일산을 걸고 등불을 밝히거나, 존귀한 경전을 읽기도 하며, 붓다와 모든 성인의 존상 앞에 공양을 올리며, 나아가 붓다와 보살과 벽지불을 생각하면서 한분 한분의 명호를 분명히 불러 임종하는 사람의 귀에 들리게 하여 마음에 새겨지도록 해야 합니다. 그렇게 하면 자신이 지은 악업으로 반드시 나쁜 곳에 떨어지게 되어 있는 중생일지라도, 가족들이 임종하는 사람을 위해 짓는 성스러운 인연공덕으로 모든 죄가 다 소멸됩니다. 또 그가 죽은 뒤 49일 안에 가족들이 여러 가지 좋은 공덕을 지어주면, 그 사람은 영원히 나쁜 곳을 여의고 인간세상이나 천상에 태어나 뛰어나고 묘한 즐거움을 받게 되며, 현재의 가족들도 한량없는 이익을 받게 됩니다.

그러므로 제가 이제 붓다를 모시고 천·룡 팔부 등 사람과 사람 아닌 무리가 함께 모인 이 자리에서 저 염부제 중생에게, 임종하는 날에는 산목숨을 죽이거나 나쁜 인연 짓기를 삼가며, 귀신과 도깨비들에게 제사 지내거나 예배하여 구하지 말 것을 권합니다. 무슨 까닭인가. 살생하는 일과 귀신에게 제사 지내는 일 등은 죽는 사람에게 털끝만큼의 이익도 되지 않을 뿐, 죄만 더욱 깊고 무겁게 할 뿐이기 때문입니다.

가령 내생이나 현생에 성스러운 인연을

만나 인간과 천상에 태어날 수 있게 된 이라 할지라도 임종하는 날에 그 가족들이 악을 행하면, 목숨을 마친 사람에게 재앙과 화가 되어서 이 명을 마친 사람이 좋은 곳에 태어남이 늦어지게 됩니다. 하물며 임종하는 사람이 살아생전에 조그마한 선근도 지은 적이 없으면 자신이 지은 업에 의해 스스로 악도에 떨어질 터인데, 어찌 차마 가족들이 다시 업을 더하겠습니까.

마치 무거운 짐을 지고 사흘 굶은 사람이 먼 길로 갈 때에 문득 이웃 사람이 나타나 다시 작은 물건이라도 더 짊어지고 가게 하여 어려움이 더욱더 커지게 하는 것과 같습니다.

세존이시여, 제가 염부제 중생을 살펴보니, 모든 붓다의 가르침을 따라 머리카락 하나·물 한 방울·모래 한 알·티끌 하나만큼이라도 선한 일을 하게 되면, 모든 이익을 그 중생 스스로 얻게 됨을 알 수 있었습니다."

이와 같이 말씀하실 때, 회중에 오래 전에 '남이 없는 법'인 무생법을 얻어 장자의 몸을 나타내어 시방세계의 중생들을 교화 제도하고 있는 말 잘하는 '대변'이라는 장자가 있었습니다. 장자는 합장 공경하면서 지장보살에게 여쭈었습니다.

"대사여, 이 염부제 중생이 명을 마친 뒤에 그의 가족들이 죽은 이를 위하여 공덕을 닦아주거나 재를 베풀어 여러 가지 좋은 일을 하게 되면, 목숨을 마친 그 사람이 큰 이익을 얻어 해탈을 하지 않겠습니까?"

지장보살이 대답하였습니다. "장자여, 내가 지금 현재와 미래의 모든 중생들을 위하여 붓다님의 위신력을 받들어 간단히 그것을 설명하겠습니다.

장자여, 현재와 미래의 모든 중생들이 임

종하는 날, 한 붓다의 명호나 한 보살님의 명호나 한 벽지불의 명호만 들어도 죄가 있고 없고를 가릴 것 없이 모두 다 해탈을 얻습니다.

만약에 살아생전에 착한 일보다는 죄를 많이 지은 남자나 여인이 있다면, 임종했을 때, 가깝고 먼 친척들이 훌륭한 공덕을 지어 복을 닦아주면, 그 공덕의 칠분의 일은 죽은 사람이 얻게 되고 나머지 공덕은 산 사람의 차지가 됩니다. 그러므로 현재와 미래의 선남선녀들이 이 말을 잘 새겨 스스로 닦으면 그 공덕의 전부를 얻을 수 있습니다.

'덧없음의 큰 귀신'은 기약 없이 닥쳐옵니다. 어둠 속을 헤매는 혼신은 자신의 죄와 복을 알지 못하고 49일 동안 바보인 듯 귀머거리인 듯 지내다가, 모든 사직에게서 그의 업과가 옳고, 그른지 등을 따진 뒤에야 그의 업대로 다시 태어나게 됩니다. 앞길을 예측할 수 없는 그 사이에도 근심과 고통이 천만 가지인데, 하물며 악도에 떨어졌을 때이겠습니까.

 이 목숨을 마친 사람은 다시 태어남을 얻지 못하고 있는 49일 동안 찰나찰나 혈육과 친척들이 복을 지어 구원해주기만을 간절히 바라다가, 이 날이 지난 후에는 업에 따라 과보를 받게 됩니다. 만약 그가 죄 많은 이라면 천백 년이 지나더라도 해탈할 날이 없을 것이며, 그가 만약 오무간지옥에 떨어질 죄를 지어 대지옥에 떨어지게 되면 천만겁토록 영원히 온갖 고통을 받게 됩니다.

 또 장자여, 이러한 죄업 중생들이 목숨을 마친 뒤 혈육과 친척들이 재를 베풀어 그의 선업을 도와줄 때는, 재식을 마치기 전이나 재를 지내는 동안 쌀뜨물이나 채소찌꺼기 등을 함부로 땅에 버리지 말며, 모든 음식을 붓다와 스님들께 올리기 전에는 먼저 먹지 말아야 합니다.

만약에 이를 어기고 먼저 먹거나 깨끗하게 만들지 않으면, 목숨을 마친 사람이 복의 힘을 얻지 못할 것입니다. 반대로 정성을 다하여 깨끗하게 만든 음식을 붓다와 스님들께 올리면, 죽은 사람은 그 공덕의 칠분의 일을 얻게 됩니다.

장자여, 그러므로 염부제 중생이 목숨을 마친 부모나 가족을 위하여 재를 베풀어 공양하되 지극한 마음으로 부지런히 정성을 다하면, 산 사람 죽은 사람 모두 다 이익을 얻게 되는 것입니다."

이 말씀을 하실 때에, 도리천궁에 있던 천만억 나유타 수의 염부제 귀신들 모두가 한량없는 보리심을 발하였고, 대변장자도 환희심으로 가르침을 받들며 예배하고 물러갔습니다.

불설아미타경

이렇게 나는 들었습니다. 한때 붓다께서 천이백오십 인의 많은 비구와 함께 사위국 기원정사에 계셨습니다. 그들은 모두 널리 알려진 아라한 대중인 장로 사리불, 마하목건련, 마하가섭, 마하가전연, 마하구치라, 리바다, 주리반타가, 난다, 아난다, 라후라, 교범바제, 빈두로파라타, 가루다이, 마하겁빈나, 박구라, 아니루타와 같은 제자들과 문수사리 법왕자, 아일다보살, 건타하제보살, 상정진보살 등의 보살들과 석제환인 등 수많은 천인이었습니다.

그때 붓다께서 장로 사리불에게 말씀하셨습니다.

"여기서 십 만억 불국토를 지난 서쪽에 '극락'이라는 세계가 있고, 그곳에는 '아미타'라 불리는 붓다가 지금도 설법하고 계신다.

사리불이여, 저 세계가 어찌하여 극락이라고 불리는 줄 아느냐? 그곳의 중생들은 고통이 없이 오직 즐거움만 받으므로 극락이라고 불린다. 또 사리불이여, 극락세계에는 일곱 겹의 난간과 일곱 겹의 나망과 일곱 겹의 가로수가 다 금 은 청옥 수정의 네 가지 보석으로 장엄 되어 있어 극락이라 불리는 것이다.

또 극락세계에는 여덟 가지 공덕이 있는 물로 가득 찬 칠보로 된 연못이 있는데, 그 연못 바닥에는 금모래가 깔려 있고, 그 연못 둘레에는 금 은 청옥 수정의 네 가지 보석으로 된 네 개의 층계가 있으며, 그 위에는 금 은 청옥 수정 적진주 마노 호박으로 찬란하게 꾸며진 누각이 있다. 또 그 연못 속에는 푸른빛에서는 푸른 광채가, 누른빛에서는 누른 광채가, 붉은빛에서는 붉은 광채가, 흰 빛에서는 흰 광채가 나는 수레의 바퀴만한 연꽃이 피어 참으로 아름답고 향기롭고 정결하다. 사리불이여, 극락세계는 이와 같은 공덕 장엄으로 이루어져 있다.

사리불이여, 또 저 불국토에는 항상 천상 음악이 연주되고, 대지는 황금색으로 빛나고 있으며, 밤낮으로 천상의 만다라 꽃비가 내린다. 그 불국토의 중생들은 이른 아침마다 바구니에 여러 가지 아름다운 꽃을 담아 다른 세계로 다니며 십 만억 붓다께 공양하고, 조반 전에 돌아와 식사를 마치고 산책한다. 사리불이여, 극락세계에는 이와 같은 공덕 장엄으로 이루어져 있다.

또 사리불이여, 그 불국토에는, 밤낮을 가리지 않고 항상 화평하고 맑은 소리로 오근과 오력과 칠보리분과 팔정도를 노래하는 백학 공작 앵무새 사리새 가릉빈가 공명조

등 아름답고 기묘한 여러 가지 빛깔을 가진 새들이 있다. 그 나라 중생들은 그 노래를 들으면, 붓다를 생각하고, 법문을 생각하며, 청정한 승가를 생각하게 된다.

사리불이여, 그대는 이 새들이 죄업으로 태어난 존재라고 생각하지 말라. 무엇 때문인가? 저 불국토에는 지옥 아귀 축생의 삼악도가 없기 때문이다. 사리불이여, 그곳에는 지옥이라는 말조차도 없는데, 하물며 그런 것이 실제로 있겠느냐. 이 같은 새들은 아미타불께서 모두 법문을 펴기 위해 화현으로 만든 것이다.

사리불이여, 그 불국토에서 미풍이 불면 보석으로 장식된 가로수와 나망에서 백천 가지 악기가 합주 되는 듯 아름다운 소리가 나온다. 이 소리를 듣게 되면 붓다를 생각하고, 법문을 생각하며, 승가를 생각하는 마음이 저절로 우러나게 된다. 사리불이여, 극락세계는 이와 같은 공덕 장엄으로 이루어져 있다.

사리불이여, 저 붓다를 어찌하여 '아미타불'이라 하는 줄 아느냐? 저 붓다의 광명이 한량없이 시방세계를 두루 비추어도 조금도 걸림이 없기 때문이다.

또 사리불이여, 저 붓다와 저 나라 인민의 수명이 한량없고 끝이 없는 아승기겁이라 아미타불이라 한다. 아미타불이 붓다가 된 지는 벌써 십 겁이 더 지났다.

또 사리불이여, 그 붓다에게는 어떠한 수단위로도 그 수효를 헤아릴 수 없이 많은 아라한 성문 제자들이 있으며, 보살 대중의 숫자도 그러하다. 사리불이여, 극락세계는 이와 같은 공덕 장엄으로 이뤄져 있다.

또 사리불이여, 극락세계에 태어나는 중생들은 다 보리심에서 물러나지 않는 이들이며, 그 가운데는 일생보처에 오른 이들이 많아서 어떤 숫자와 비유로도 헤아릴 수 없고, 다만 무량무변 아승기라고 표현할 뿐이다.

사리불이여, 이 법문을 들은 중생들은 저 세계에 가서 나기를 서원해야 할 것이니, 까닭이 무엇이냐. 으뜸가는 여러 성현과 함께 그곳에서 수행할 수 있기 때문이다.

사리불이여, 작은 선근의 복덕으로는 저 세계에 가서 날 수 없다.

사리불이여, 아미타불의 이야기를 듣고 하루나 이틀 혹은 사흘, 나흘, 닷새, 엿새, 이레 동안 한결같은 마음으로 아미타불의 이름을 외우되, 조금도 마음이 흐트러지지 않으면, 그가 임종할 때 아미타불이 여러 거룩한 분들과 함께 그 사람 앞에 나타날 것이다. 그래서 그는 생각이 뒤바뀌지 않고 흔들리지 않고 목숨을 마치고 아미타불의 극락세계에 왕생하게 될 것이다.

사리불이여, 나는 이러한 도리를 알고 이와 같은 설법을 하는 것이다. 이 법문을 듣는 이들은 누구나 저 국토에 가서 나기를 발원해야 할 것이다.

사리불이여, 내가 지금 아미타불의 한량없는 공덕을 찬탄하는 것처럼 동방에도 아촉비불 수미상불 대수미불 수미광불 묘음불 등 수없는 붓다께서 각기 그 세계에서 삼천대천세계에 두루 미치도록 진실한 말씀으로 '그대들은 모든 붓다께서 한결같이 찬탄하고 보호하는 불가사의한 공덕이 있는 이 법문을 진심으로 믿으라'고 설법하고 계신다.

사리불이여, 남방세계에도 일월등불 명문광불 대염견불 수미등불 무량정진불 등 수없는 붓다께서 각기 그 세계에서 삼천대천세계에 두루 미치도록 진실한 말씀으로 '그대들은 모든 붓다께서 한결같이 찬탄하고 보호하는 불가사의한 공덕이 있는 이 법문을 진심으로 믿으라'고 설법하고 계신다.

사리불이여, 서방세계에도 무량수불 무량상불 무량당불 대광불 대명불 보상불 정광불 등 수없는 붓다께서 각기 그 세계에서 삼천대천세계에 두루 미치도록 진실한 말씀으로 '그대들은 모든 붓다께서 한결같이 찬탄하고 보호하는 불가사의한 공덕이 있는 이 법문을 진심으로 믿으라'고 설법하고 계신다.

사리불이여, 북방세계에도 염견불 최승음불 난저불 일생불 망명불 등 수없는 붓다께서 각기 그 세계에서 삼천대천세계에 두루 미치도록 진실한 말씀으로 '그대들은 모든 붓다께서 한결같이 찬탄하고 보호하는 불가사의한 공덕이 있는 이 법문을 진심으로 믿으라'고 설법하고 계신다.

사리불이여, 하방세계에도 사자불 명문불 명광불 달마불 법당불 지법불 등 수없는 붓다께서 각기 그 세계에서 삼천대천세계에 두루 미치도록 진실한 말씀으로 '그대들은 모든 붓다께서 한결같이 찬탄하고 보호하는 불가사의한 공덕이 있는 이 법문을 진심으로 믿으라'고 설법하고 계신다.

사리불이여, 상방세계에도 범음불 수왕불 향상불 향광불 대염견불 잡색보화엄신불 사라수왕불 보화덕불 견일체의불 여수미산불 등 수없는 붓다께서 각기 그 세계에서 삼천대천세계에 두루 미치도록 진실한 말씀으로 '그대들은 모든 붓다께서 한결같이 찬탄하고 보호하는 불가사의한 공덕이 있는 이 법문을 진심으로 믿으라'고 설법하고 계신다.

사리불이여, 이 법문을 가리켜 어찌하여 모든 붓다께서 한결같이 보호하는 법문이라 하는 줄 아느냐? 사리불이여, 만일 이 법문을 듣고 받아 지니거나 붓다의 이름을 듣는 선남자선여인은 붓다들의 옹호함을 입어

'높고 바른 깨달음'에서 물러나지 않음을 얻게 된다. 그러므로 사리불이여, 그대들은 내 법문과 여러 붓다의 법문을 믿고 지녀야 한다.

사리불이여, 만일 아미타불 세계에 가서 나기를 이미 발원하였거나 지금 발원하거나 혹은 장차 발원하는 사람은 위없는 정등각에서 물러나지 않고, 그 세계에 벌써 났거나 지금 나거나 혹은 장차 날 것이다. 그러므로 신심이 있는 선남자선여인들은 극락세계에 가서 나기를 발원해야 한다.

사리불이여, 내가 지금 여러 붓다의 불가사의한 공덕을 찬탄하듯이, 저 붓다들도 '석가모니 붓다께서 어렵고 희유한 일을 하시니, 시대가 흐리고, 견해가 흐리고, 번뇌가 흐리고, 중생이 흐리고, 생명이 흐린 사바세계의 다섯 가지 혼탁한 세상에서 위없는 정등각을 얻고 중생들을 위해 세상에서 믿기 어려운 법을 설하고 계신다'라고 하며 나의 불가사의한 공덕을 칭찬하실 것이다.

사리불이여, 내가 이 다섯 가지 혼탁한 세상에서 갖은 고행 끝에 위없는 정등각을 얻고, 모든 세상과 중생을 위해 믿기 어려운 법을 설하는 것은 결코 쉬운 일이 아님을 알아야 한다."

붓다께서 이 경전을 설하시자 사리불과 비구들과 모든 세간의 천인 아수라들이 붓다께서 설하신 법문을 듣고 기뻐하며 예배하고 물러갔습니다.

금강반야바라밀경
[금강 같은 지혜 완성(피안)의 경]

이같이 나는 들었습니다.

한때 붓다께서 천이백오십 명의 비구들과 함께 사위국 기원정사에 계셨습니다.

공양 때가 되자, 세존께서는 가사와 발우를 지니시고 탁발을 위해 사위성 도시에 들어가셨습니다. 그곳에서 차례대로 탁발하시고 본래 계시던 곳으로 돌아와서 공양을 마치고, 가사와 발우를 제자리에 내려놓고, 두 발을 씻으신 다음, 준비된 자리에 앉으셨습니다.

그때 대중 속에 있던 장로 수부티가 자리에서 일어나, 오른쪽 어깨를 드러내고, 오른 무릎을 땅에 대고 공경히 합장하며 붓다께 말씀드렸습니다.

[수부티] "희유합니다, 세존이시여. 여래께서

는 모든 보살을 잘 호념하며, 모든 보살을 잘 부촉하십니다.

세존이시여, 여래께서 깨달은 '높고 바른 깨달음'을 구하려는 마음을 낸 선남자선여인은 어떻게 마음을 머무르며, 어떻게 수행하고 어떻게 마음을 조복 받아야 합니까?"
[붓다] "좋다, 좋다, 잘 말했다. 수부티여, 그대 말처럼 여래는 모든 보살을 잘 호념하며, 잘 부촉한다. 그대를 위해 설하리니 잘 들어라.

높고 바른 깨달음을 구하려는 마음을 낸 선남자선여인은 이같이 머무르고, 이같이 마음을 조복 받아야 한다."
[수부티] "예, 세존이시여" 하며 기쁘게 듣고자 하였습니다.
[붓다] "모든 보살마하살은, '알에서 나는 것, 태에서 나는 것, 습기에서 나는 것, 화현하여 나는 것; 형상이 있는 것, 형상이 없는 것; 인식작용이 있는 것, 인식작용이 없는

것, 인식작용이 있는 것도 인식작용이 없는 것도 아닌 것 등 일체중생을, 나는 남음 없는 완전한 열반의 경지에 들게 하리라.' 이렇게 셀 수 없고 한량없는 중생을 완전한 열반에 들게 하였으나 '완전한 열반에 든 자는 참으로 없도다'라고 하는 마음으로 마음을 조복 받아야 한다.

무슨 까닭인가. 수부티여, 만일 보살에게 아상·인상·중생상·수자상이 있다면 보살이라 할 수 없기 때문이다.

다시 또 수부티여, 보살은 법의 경계에 머묾 없이 보시해야 한다. 이것은 '형상에 머물지 않고 보시하며, 소리·향기·맛·촉감·마음 등 어떤 대상에도 머물지 않고 보시하라는 것'이다. 수부티여, 보살은 이같이 보시하여 겉모양인 상에 머물지 않아야 한다.

무슨 까닭인가. 만일 보살이 상에 머물지

않고 보시한다면, 그 복덕은 양을 잴 수가 없기 때문이다. 수부티여, 동쪽 허공의 양을 잴 수 있겠느냐?"

[수부티] "없습니다, 세존이시여."

[붓다] "수부티여, 남·서·북방과 사유, 위·아래 시방의 일체 세계 허공의 양은 잴 수 있겠느냐?"

[수부티] "없습니다, 세존이시여!"

[붓다] "수부티여, 보살이 상에 머묾이 없이 보시하는 복덕 또한 그 양을 잴 수가 없다. 수부티여, 보살은 오직 가르침과 같이 머물러야 한다."

"수부티여, 삼십이상이 갖춰진 몸매로써 여래를 볼 수 있겠느냐?"

[수부티] "없습니다, 세존이시여. 몸매로는 여래를 볼 수 없습니다. 그 까닭은 여래께서 설하신 몸매는 곧 몸매가 아니기 때문입니다."

[붓다] "몸매라 하는 것은 모두 헛된 것이다. 만일 삼십이상이 갖춰진 제상(諸相, 몸매)과 삼십이상이 갖춰지지 않은 비상(非相)을 바로 보면 여래를 볼 수 있다."

[수부티] "세존이시여, 미래 정법이 쇠퇴할 때, 이와 같은 말씀이나 글귀를 듣고 진실한 믿음을 일으키는 중생이 조금이라도 있겠습니까?"

[붓다] "그렇게 말하지 말라. 여래가 멸한 뒤 다섯 번째 백년에도, 이 법문에 잘 믿는 마음을 낼 것이며, 이를 진실한 것으로 삼아 계율을 지키며 복을 닦는 사람이 있을 것이다. 이 사람은 한 붓다, 두 붓다, 서너 다섯 붓다께 선근을 심었을 뿐만 아니라, 이미 한량없는 천만 붓다의 자리에 온갖 선근을 심었으므로 이 법문을 듣는 즉시 오로지 일념으로 깨끗한 믿음을 내는 자들임을 알아야 한다.

수부티여, 여래는 이 모든 중생이 헤아릴 수 없는 복덕을 쌓게 될 것임을 다 알고, 다 본다.

 이들은 다시는 아상·인상·중생상·수자상이 없을 것이며, 법의 상도 없으며, 법의 상이 아니라고 하는 생각조차 없을 것이기 때문이다.

 이들이 만일 마음에 상이 일어난다면 아상 인상 중생상 수자상에 집착하게 되는 것이고, 법의 상이 일어나도 아상 인상 중생상 수자상에 집착하는 것이다. 법이 아니라고 하는 상이 생겨난다면 그것도 아상 인상 중생상 수자상에 집착하는 것이 된다. 그러므로 법을 취해서도 안 되고, 법이 아닌 것을 취해서도 안 된다.

 이러한 뜻에서 여래는 늘 '나의 법문이 뗏목의 비유와 같다는 것을 아는 그대 비구들은, 법도 버려야 하거늘 하물며 법이 아닌 것들이랴!'라고 설하였다.

  수부티여, 여래가 '높고 바른 깨달음'을 깨달았느냐? 여래에 의해 설해진 법이 있느냐?"

[수부티] "제가 붓다께서 설하신 뜻을 이해하기로는, '높고 바른 깨달음'이라고 말해질 법이 없으며, 여래에 의해 설해졌다고 하는 정해진 법도 없습니다.

  여래에 의해 설해진 법은, 모두 잡을 수도 없고 설명할 수도 없기 때문이며, 법도 아니요, 법이 아님도 아니기 때문입니다. 일체 성현들은 다 무위법으로써 차별이 있기 때문입니다."

[붓다] "수부티여, 삼천대천세계에 칠보를 가득 채워 보시하는 사람이 쌓게 되는 복덕이 많다고 할 수 있겠느냐?"

[수부티] "많습니다, 세존이시여. 그 까닭은 복덕은 곧 복덕의 모습이 아니기 때문에 복덕

이 많다고 여래께서는 말씀하시는 것입니다."

[붓다] "이 법문 가운데 사구 게송 하나만이라도 배워 남들에게 알려주는 사람의 복은 앞의 사람이 지은 복덕을 뛰어넘을 것이다.

수부티여, 일체 붓다와 모든 붓다의 높고 바른 깨달음이라는 법이 모두 이 상을 타파하라는 법문에서부터 생겨났기 때문이다.

수부티여, 불법이라고 말해지는 것은 불법이 아니다.

수부티여, 성자의 흐름에 든 수다원이 '나는 예류과를 증득했다'라고 생각하겠느냐?"

[수부티] "아닙니다, 세존이시여. 수다원은 '성자의 흐름에 든 자'라고 말해지지만, 그는 들지 않았으며, 형상 소리 향기 맛 촉감 마음의 어떤 대상에도 든 적이 없으므로 수다원이라 말해지는 것입니다."

[붓다] "수부티여, 한 번만 더 돌아올 사다함

이 '나는 일래과를 증득했다'라고 생각하겠느냐?"

[수부띠] "아닙니다, 세존이시여. 사다함은 '한 번만 더 돌아올 자'라 말해지지만, 참으로 '한 번만 갔다 왔다'라고 하는 것이 없으므로 사다함이라 말해지는 것입니다."

[붓다] "수부티여, 다시는 돌아오지 않을 아나함이 '나는 불환과를 증득했다'라고 생각하겠느냐?"

[수부티] "아닙니다, 세존이시여. 아나함은 '다시는 돌아오지 않을 자'라 말해지지만, 참으로 돌아오지 않는다는 것이 없으므로 아나함이라 말해지는 것입니다."

[붓다] "수부티여, 다시는 태어나지 않는 아라한이 '나는 아라한과를 증득했다'라고 생각하겠느냐?"

[수부티] "아닙니다, 세존이시여. 아라한이라 말해질 법이 참으로 없습니다.

세존이시여, 만일 아라한이 '나는 아라한과를 증득했다'라고 생각한다면 '아 인 중생 수자'에 집착하게 되는 것입니다.

세존이시여, 붓다께서는, 제가 다툼 없는 삼매에 머무는 자 중에서 가장 으뜸과를 얻었다고 말씀하셨습니다. 이것은 욕망을 여읜 제일 아라한이라는 말씀일 것입니다.

세존이시여, '나는 욕망을 여읜 아라한이다'라고 생각하지 않습니다. 세존이시여, 제가 만일 '나는 아라한과를 증득했다'라고 생각한다면, 세존께서 '수부티는 아란나행을 좋아하는 자이다, 수부티는 참으로 끌림이 없으므로 수부티는 아란나행을 좋아한다고 말해질 수 있다'라고 설하지 않으셨을 것입니다."

[붓다] "여래가 과거 연등불 회상에 있을 때, 법에 대하여 깨달은 것이 있느냐?"

[수부티] "없습니다, 세존이시여. 여래께서 연

등불 회상에 계실 때, 법에 대하여 참으로 깨달은 것이 없습니다."

[붓다] "수부티여, 보살이 불국토를 장엄하느냐?"

[수부티] "아닙니다, 세존이시여. 불국토를 장엄한다는 것은 장엄함이 아니므로 장엄한다고 말해지는 것입니다."

[붓다] "수부티여, 모든 보살마하살은 이같이 머묾이 없는 맑고 깨끗한 마음을 내어야 한다. 어떤 형상에 머물지 않고 마음을 내어야 하며, 소리 향기 맛 촉감 마음 등 어떤 대상에도 머묾이 없이 마음을 내야 한다.

수부티여, 몸이 수미산과 같은 사람이 있다면, 그 사람의 몸이 크다고 할 수 있겠느냐?"

[수부티] "매우 큽니다, 세존이시여. 붓다께서는 '몸은 몸이 아니므로 큰 몸이라 말해질 수 있다'라고 설하셨습니다."

[붓다] "수부티여, 강가[恒河] 강의 모래알 수와 같은 강가 강이 있다면, 그 강가 강의 모래알의 숫자가 참으로 많다고 할 수 있겠느냐?"

[수부티] "매우 많습니다, 세존이시여. 그 모든 강가 강만 하여도 셀 수 없거늘, 하물며 모래의 숫자이겠습니까?"

[붓다] "수부티여, 강가 강의 모래 숫자만큼의 삼천대천세계에 칠보를 가득 채워서 그것으로 보시하는 선남자 선여인이 쌓게 되는 복덕이 많겠느냐?"

[수부티] "매우 많습니다, 세존이시여."

[붓다] "선남자 선여인이 이 법문에서 사구 게송만이라도 배워 마음에 간직해서 다른 이들에게 자세히 설명해준다면, 이것으로 인해서 쌓게 되는 복덕은 앞에서 말한 사람의 복덕을 뛰어넘을 것이다.

수부티여, 이 법문이나 사구게만이라도

설해지는 그곳이 일체 세간의 하늘과 인간과 아수라가 모두 기꺼이 공양하는 붓다의 탑묘(塔廟)와 같은 곳이 되리라는 것을 알지니라. 하물며 이 법문을 받아 지녀 읽고 외우는 사람임에랴.

수부티여, 이 사람은 가장 높고 제일 희유한 법을 성취할 것이며, 이 경전이 설해지는 곳이 붓다가 머무는 곳이 되며, 존경받는 붓다의 제자들이 머무는 곳이 된다는 것을 알아야 한다.

수부티여, 셀 수 없는 아승기 세계에 칠보를 가득 채워 보시하는 사람이 쌓게 되는 공덕보다, 이 경의 네 구절 게송만이라도 마음에 지니고 읽고 외우며 다른 사람을 위해 설명해 주는, 보살의 마음을 낸 선남자 선여인이 쌓게 되는 복덕이 더 뛰어날 것이다.

어떻게 남들을 위해 설명해 줄 것인가. 어떤 상도 취하지 않으며 여여(如如)하여 어떤

상에도 끌리지 않아야 한다.

　무슨 까닭인가.

　'형성된 것은 참으로

　꿈 환상 물거품 그림자와 같고

　이슬과 같고 또한 번개와 같다.'

　이렇게 보아야 하기 때문이다."

[수부티] "세존이시여, 이 법문의 이름은 무엇이라 하옵는지요? 저희가 어떻게 마음에 간직하면 되겠습니까?"

[붓다] "이 법문은 '금강반야바라밀'이라 할 수 있다. 이 이름으로써 그대들은 마음에 간직하여라."

　붓다께서 이 경전을 설하시자, 장로 수부티와 모든 비구 비구니 우바새 우바이들과 일체 세간의 천·인과 아수라 등이 붓다의 법문을 듣고 모두 크게 기뻐하며 확신하고 수행하였습니다.

원각경 보안장

 이때 대중 가운데 있던 보안보살이 자리에서 일어나 붓다님 발에 정례하고, 오른쪽으로 세 번 돌고 무릎을 꿇어 합장하고 붓다께 이렇게 말씀드렸습니다.

"자비하신 세존이시여, 여기 모인 여러 보살과 말세의 모든 중생을 위하여 보살이 수행할 차례를 말씀해 주옵소서. 어떻게 생각하고, 어떻게 머무를 것이며, 중생들이 깨치지 못하면 어떠한 방편으로 두루 깨치도록 해야 합니까?

세존이시여, 만약 중생들이 바른 방편과 바른 생각이 없으면, 붓다님께서 말씀하신 삼매를 듣고도 마음이 아득하여 원각에 들어갈 수 없을 것입니다. 자비를 드리어서 저희들과 말세 중생들을 위하여 짐짓 방편을 말씀해 주십시오."

이 말을 하고 오체를 땅에 던져 이와 같이 세 번 청하였습니다.

이때 붓다께서 보안보살에게 말씀하셨습니다.

"좋다, 좋다. 잘 말했다. 선남자여, 그대는 이제 보살들과 말세 중생을 위하여 여래의 수행 차례와 생각과 머무름과 가지가지 방편을 묻는구나. 그럼 잘 들어라. 그대들을 위해 말해 주리다."

이때 보안보살이 분부를 받들고 기뻐하여 대중들과 함께 조용히 귀를 기울였습니다.

"선남자여, 새로 공부하는 보살과 말세 중생이 여래의 청정한 원각심을 구하려면, 생각을 바르게 하여[正念] 모든 환(幻)을 멀리 여의어야 할 것이다. 먼저 여래의 사마타 행에 의지하여 계율을 굳게 가지고, 대중과 함께 안정하게 지내며, 고요한 방에 단정히 앉아 항상 이렇게 생각하여라.

'지금 내 이 몸뚱이는 사대가 화합하여 된 것이다. 머리털·이·손톱·발톱·살갗·근육·뼈·골수·때·빛깔들은 다 흙으로 돌아갈 것이고, 침·콧물·고름·피·진액·거품·가래·눈물·정기·대소변은 다 물로 돌아갈 것이며, 더운 기운은 불로 돌아갈 것이고, 움직이는 것은 바람으로 돌아갈 것이다.

사대가 뿔뿔이 흩어지면 이제 이 허망한 몸뚱이는 어디에 있단 말인가.'

곧 알아라. 이 몸은 마침내 자체가 없는 것이고 화합하여 형상이 이루어졌으나 사실은 환으로 된 것과 같다. 네 가지 인연이 거짓으로 모여 망령되이 육근이 있게 된 것이다.

육근과 사대가 안팎으로 합하여 이루어졌는데 허망으로 인연 기운이 그 안에 쌓이고 모여 인연상이 있는 듯한 것이 마음이라 말해진다.

선남자여, 이 허망한 마음은 만약 육진이 없으면 있지 못할 것이고, 사대가 흩어지면 육진도 얻지 못할 것이다. 이 가운데 인연과 티끌이 뿔뿔이 흩어져 없어지면 마침내 인연의 마음도 볼 수 없을 것이다.

선남자여, 중생들은 환인 몸뚱이가 멸하므로 환인 마음도 멸하고, 환인 마음이 멸하므로 환인 경계도 멸하고, 환인 경계가 멸하므로 환의 멸도 또한 멸하고, 환의 멸이 멸하므로 환 아닌 것은 멸하지 않는다. 이를테면 거울에 때가 없어지면 광명이 나타나는 것과 같다.

  선남자여, 몸과 마음이 다 환의 때이니, 때가 아주 없어지면 시방세계가 청정함을 알아라. 마치 깨끗한 마니 보주에 오색이 비치면 그 빛에 따라 각기 달리 나타나는 것인데 어리석은 사람들은 그 보배 구슬에 실제로 오색이 있는 줄 아는 것과 같다.

  선남자여, 원각인 청정한 성품이 몸과 마음으로 나타내어 종류를 따라 각기 응하거늘 어리석은 사람들은 청정한 원각에 실제로 이런 몸과 마음의 모양이 있다고 말하는 것도 또한 그와 같은 것이다. 이로 말미암아

환화를 멀리할 수 없으므로, 나는 몸과 마음을 환의 때라고 한다. 환의 때를 대하여 이를 여의면 보살이라 말할 수 있다. 때가 다하여 대할 것도 없어지면 대(對)도 때도 없고 대니 때니 하는 이름도 없다.

선남자여, 이 보살과 말세 중생들이 모든 환을 증득하여 영상이 멸해버렸기 때문에 이때에 문득 끝없는 청정함을 얻을 것이다. 가없는 허공도 원각의 나타남이다.

그 깨달음이 원만하고 밝으므로 마음의 청정이 나타나고, 마음이 청정하므로 보이는 경계가 청정하고, 보이는 것이 청정하므로 눈이 청정하고, 눈이 청정하므로 보는 알음알이가 청정하고, 보는 알음알이가 청정하므로 들리는 경계가 청정하고, 들리는 것이 청정하므로 귀가 청정하고, 귀가 청정하므로 듣는 알음알이가 청정하고, 듣는 알음알이가 청정하므로 느낌의 경계가 청정하고, 그리하여 코·혀·몸뚱이·뜻에 있어서도 또한 이와 같다.

 선남자여, 눈이 청정하므로 형상이 청정하고, 형상이 청정하므로 소리가 청정하며, 향기와 맛과 감촉과 법진(마음)도 또한 이와 같다.

 선남자여, 육진이 청정하므로 지대가 청정하고, 지대가 청정하므로 수대가 청정하며, 화대·풍대도 이와 같다.

 선남자여, 사대가 청정하므로 십이처와 십팔계(界)와 이십오유(二十五有)가 청정하다. 이들이 청정하기 때문에 십력(十力)과 사무소외(四無所畏)와 사무애지(四無碍智)와 불십팔불공법(佛十八不共法)과 삼십칠조도품(三十七助道品)이 청정하며, 이와 같이 8만 4천 다라니문도 모두 청정하다.

 선남자여, 모든 실상은 성품이 청정하기 때문에 한 몸이 청정하고, 한 몸이 청정하므로 여러 몸이 청정하며, 여러 몸이 청정하므로 시방 중생의 원각도 청정하다.

선남자여, 한 세계가 청정하므로 여러 세계가 청정하고, 여러 세계가 청정하므로 마침내는 허공을 다하고, 삼세를 두루 싸서 모든 것이 평등하고 청정해서 움직이지 않는다.

선남자여, 허공이 이와 같이 평등하여 움직이지 않기 때문에 각성이 평등하여 움직이지 않으며, 4대가 움직이지 않으므로 각성이 평등하여 움직이지 않으며, 이와 같이 하여 8만4천 다라니 문이 평등하여 움직이지 않은 줄을 알라.

선남자여, 각성이 두루 차고 청정하며 움직이지 않고 원만해 끝이 없으므로 육근(根)이 법계에 가득한 것임을 알라. 육근이 두루 차므로 육진이 법계에 두루 참을 알고, 육진이 두루 차므로 사대가 법계에 두루 차며,

이와 같이 다라니 문이 법계에 두루 찬 것인 줄을 알라.

　선남자여 미묘한 각성이 두루 차므로 말미암아 근성과 진성이 무너짐도 뒤섞임도 없으며, 근과 진이 무너짐이 없으므로 다라니 문이 무너짐도 뒤섞임도 없는 것이다. 마치 백 천 개의 등불이 한 방에 비치면 그 불빛이 두루 가득하여 무너짐도 뒤섞임도 없는 것과 같다.

　선남자여, 깨달음을 성취한 보살은 법에 얽매이지도 않고, 법에서 벗어나기를 구하지도 않으며, 나고 죽는 것을 싫어하지도 않고, 열반을 좋아하지도 않으며, 계행 가지는 것을 공경하지도 않고, 파계를 미워하지도 않으며, 오래 공부한 이를 소중히 여기지도 않고, 처음 공부한 이를 깔보지도 않는다. 무슨 까닭인가. 온갖 것이 모두 원각이기 때문이다. 이를테면 안광이 비춤에 그 빛은 원만하여 사랑도 미움도 없는 것과 같다. 무슨 까닭인가. 광명 자체는 둘이 아니어서 사랑과 미움이 없기 때문이다.

선남자여, 보살과 말세 중생이 이 마음을 닦아 성취하면 여기에는 닦을 것도 없고 성취할 것도 없을 것이다. 원각(圓覺)이 널리 비치고 적멸(寂滅)해서 둘(차별)이 없다.

이 가운데에는 백 천 만억 아승기 말할 수 없는 항하의 모래 수 같은 모든 붓다 세계가 마치 허공 꽃이 어지럽게 일어나고 스러지는 것 같아서, 즉(即)하지도 여의지[離]도 않으며, 얽매임도 풀림도 없으리니, 중생이 본래 붓다이고 생사와 열반이 지난밤 꿈과 같은 줄 알 것이다.

선남자여, 지난밤 꿈과 같으므로 생사와 열반이 일어나는 것도 없고 없어지는 것도 없으며, 오는 것도 없고, 가는 것도 없다. 증득된 것에는 얻을 것도 없고 잃을 것도 없으며, 취할 것도 없고 버릴 것도 없다. 또 증득한 이에게는 일으킬 것도 없고 멈출 것도 없으며, 맡길 것도 없고 멸할 것도 없다. 이 증득 가운데는 '증득하는 이'도 '증득된 것'도 없어 마침내 증할 것도 없고 증할 이도 없어서, 모든 법의 성품이 평등하여 무너지지 않는다.

선남자여, 모든 보살이 이렇게 닦을 것이며, 이러한 차례로 이렇게 생각할 것이며, 이렇게 머물고 간직할 것이며, 이와 같은 방편(方便)으로 이와 같이 깨닫도록 할 것이며, 이와 같이 법을 구하면 아득하거나 답답하지 않을 것이다."

이때 세존께서 이런 뜻을 거듭 펴시려고 게송으로 말씀하셨습니다.

　보안이여, 그대는 알라
　시방세계 중생들이
　몸과 마음 모두 환과 같아,

몸뚱이는 사대로 이루어지고
마음은 육진에 돌아가고,
사대 뿔뿔이 흩어지고 말면
어느 것이 화합된 것이런가,
이렇게 차례로 닦아나가면
모든 것이 두루 청정하여서,
움직이지 않고 법계에 두루 하리라.
짓고 그치고 맡기고 멸할 것도 없고,
또한 증할 이도 없는 것이니
모든 붓다 세상일지라도,
허공의 꽃과 같으리.
삼세가 모두 평등함이라,
마침내 오고 감도 없는 것
처음으로 마음 낸 보살이나
말세의 중생들이
붓다의 길에 들고자 한다면
이와 같이 닦고 익힐지니라.

이렇게 원각경 보안장이 완성되었습니다.

행복경

(Mangala Sutta, Sn 2.4)

이렇게 나는 들었습니다. 한때 세존께서 싸밧티 시 제타 숲의 아나타삔디까[祇園精舍] 승원에 계셨습니다.

그때 한 천인이 한밤중에 아름다운 모습으로 기원정사를 환히 비추며 세존께서 계신 곳으로 다가와 세존께 게송으로 이렇게 여쭈었습니다.

[천인] 많은 천인과 사람들이,
최상의 행복을 소망하면서,
행복을 바라고 생각하오니,
최상의 행복에 대해 말씀해 주소서.

[세존] 어리석은 사람과 사귀지 않고,
현명한 사람과 가까이 지내며,
존경할 만한 이를 공경할지니,

이것이 더없는 행복이다.
분수에 맞는 곳에서 살고,
일찍이 공덕을 쌓아서,
스스로 바른 서원을 할지니,
이것이 더없는 행복이다.

많이 배우고 좋은 기술을 익히며
몸과 마음을 계율로 잘 다스리고
선하고 부드럽게 대화를 나눌지니,
이것이 더없는 행복이다.

아버지와 어머니를 잘 모시고,
아내와 자식을 사랑으로 보살피며,
일할 때도 안정되어 혼란스럽지 않을지니,
이것이 더없는 행복이다.

널리 베풀고 정의롭게 살며,
친지들과 화합하며 서로 돕고,
남에게 비난받지 않게 행동할지니,
이것이 더없는 행복이다.

악한 행위를 삼가고 경계하며,
술과 약물을 절제하고,
선행에 게으르지 않을지니,
이것이 더없는 행복이다.

타인을 존경하고 겸손하며,
만족과 감사할 줄 알며,
적당한 때에 진리를 들을지니,
이것이 더없는 행복이다.

인내하고 온화하게 말하며,
때로는 수행자를 만나서
진리의 가르침을 듣고 논의할지니,
이것이 더없는 행복이다.

부지런히 정진하여 청정하게 살며,
성스러운 진리를 이해하고 통찰하여,
거룩한 열반을 이룰지니,
이것이 더없는 행복이다.

세상살이 번잡한 일에 부딪혀도
마음이 안정되어 흔들리지 않고,
슬픔과 걱정 없이 안온할지니,
이것이 더없는 행복이다.

누구라도 이렇게 살아간다면,
어디서든 실패하는 일 없이
모든 곳에서 행복하리라.
이것이 더없는 행복이다.

자애경

(Metta sutta, Sn 1.8)

선한 일을 능숙하게 실천하고
평정의 경지를 이루고자 하면
매사에 유능하고 정직하며
고결하고 온화하여 교만하지 말라.

만족할 줄 알아, 공양하기 쉬워야 하며,
몸과 마음 분주하지 않고 간소하며
몸과 마음 고요하고 슬기로워
세속 일에 무모하거나 집착하지 말라.

현명한 이들의 비난을 살만한
작은 행동이라도 삼가며
안락하고 평화로워서
모든 이들이 행복할지어다.

살아 있는 생명이건 어떤 것이나
동물이나 식물이나 남김없이

길거나 크거나 중간 것이나 짧은 것이나
작거나 거친 것이나 모두 예외 없이

보이는 것이나 보이지 않는 것이나
멀리 있는 것이나 가까이 있는 것이나
이미 태어난 것이나 태어날 것이나
모든 존재여, 행복할지어다.

서로를 속이지 말고 헐뜯지 말지니,
어디서든 누구든 멸시하지 말지니,
분노와 증오로 인하여
다른 이의 고통을 바라지 말라.

어머니가 하나뿐인 아들을
목숨 바쳐 보호하듯이
이 세상 모든 존재를 위해
한량없는 자애의 마음을 닦을지어다.

그리하여 온 세상의 모든 곳으로
위로 아래로 옆으로 넓은 곳으로
걸림 없이, 증오 없이, 적의 없이,

한량없는 자애의 마음을 닦을지어다.
서 있거나 걷거나 앉았거나 누웠거나
깨어 있는 동안에는 언제나
자애의 마음을 닦아나갈지니
세상에서는 이를 고귀한 삶이라 한다.

삿된 견해에 매이지 않고
계행을 지니고, 통찰력을 갖춰
감각적인 욕망을 다스리면,
결코 다시 모태에 들어 윤회하지 않으리라.

회향의

○ 收經偈(수경게, 경전을 거둬들이는 게송)

말씀 듣자 마음 열려
붓다인 줄 알았으니
일생토록 의심 않고
시시때때 활용하리.

○ 回向偈(회향게, 경전 염송 공덕을 회향하는 게송)

뛰어나고 가없는
송경 공덕 회향하니
고통 속의 중생들은
극락세계 어서 가소.

권공의
勸供儀

도량엄정
道場嚴淨

정구업진언(말로 지은 행위를 깨끗이 하는 진언)
淨口業眞言

수리 수리 마하수리 수수리 스바하

안위제신진언(옹호 성중을 청해 모시는 진언)
安慰諸神眞言

나모 사만다 못다남

「옴 도로도로 지미 스바하」

○ **開經偈呪**(개경게주, 경전과 법장을 여는 게송과 진언)

무상심심미묘법 백천만겁난조우
無上甚深微妙法 百千萬劫難遭遇
아금견문득수지 원해여래진실의
我今見聞得受持 願解如來眞實義

높고 깊은 붓다님 법 만나옵기 어렵건만
제가 이제 받아 지녀 참된 의미 깨치리다.

옴 아라남 아라다

○ 千手呪請(천수주청, 관음보살님께 다라니를 청함)

천수천안 관자재보살
千手千眼 觀自在菩薩
광대원만무애대비심대다라니 계청
廣大圓滿無碍大悲心大陀羅尼 啓請

천수천안관음보살의 광대하고 원만하여
걸림 없는 대비심의 다라니를 청합니다.

계수관음대비주　　원력홍심상호신
稽首觀音大悲主　　願力洪深相好身
천비장엄보호지　　천안광명변관조
千臂莊嚴普護持　　千眼光明遍觀照
진실어중선밀어　　무위심내기비심
眞實語中宣密語　　無爲心內起悲心
속령만족제희구　　영사멸제제죄업
速令滿足諸希求　　永使滅除諸罪業

크신 원력 좋은 상호　　천손으로 보호하고
천안으로 살피시며　　법문 속에 밀어 펴고
무위심서 자비 내어　　저희 소원 이뤄주고
모든 죄업 없애주는　　관세음께 절하옵니다.

천룡중성동자호　　백천삼매돈훈수
天龍衆聖同慈護　　百千三昧頓熏修
수지신시광명당　　수지심시신통장
受持身是光明幢　　受持心是神通藏
세척진로원제해　　초증보리방편문
洗滌塵勞願濟海　　超證菩提方便門

아금칭송서귀의 / 소원종심실원만
我今稱誦誓歸依 / 所願從心悉圓滿

천룡중성 옹호하여 　온갖 삼매 이뤄지며
지닌 몸은 빛이 나고 　지닌 마음 자유롭네.
번뇌 씻고 고해 건너 　보리방편 얻게 되며
송주하며 귀의하니 　원하는 일 이루어지네.

나모대비관세음 / 원아속지일체법
南無大悲觀世音 / 願我速知一切法

나모대비관세음 / 원아조득지혜안
南無大悲觀世音 / 願我早得智慧眼

나모대비관세음 　일체 법을 알려 하니
나모대비관세음 　지혜 눈을 얻게 되고

나모대비관세음 / 원아속도일체중
南無大悲觀世音 / 願我速度一切衆

나모대비관세음 / 원아조득선방편
南無大悲觀世音 / 願我早得善方便

나모대비관세음 　일체 중생 건져내는
나모대비관세음 　좋은 방편 얻게 되며

나모대비관세음 / 원아속승반야선
南無大悲觀世音 / 願我速乘般若船

나모대비관세음 / 원아조득월고해
南無大悲觀世音 / 願我早得越苦海

나모대비관세음 　지혜 배에 어서 올라
나모대비관세음 　고통바다 건너가고

나모대비관세음 원아속득계정도
南無大悲觀世音 願我速得戒定道
나모대비관세음 원아조등원적산
南無大悲觀世音 願我早登圓寂山
　나모대비관세음　　계정혜를 속히 갖춰
　나모대비관세음　　열반 언덕 올라가며

나모대비관세음 원아속회무위사
南無大悲觀世音 願我速會無爲舍
나모대비관세음 원아조동법성신
南無大悲觀世音 願我早同法性身
　나모대비관세음　　무위의 집 함께 모여
　나모대비관세음　　진리의 몸 이루오리다.

아약향도산 도산자최절
我若向刀山 刀山自摧折
　칼산지옥 내가 가면 칼산 절로 꺾여 지고

아약향화탕 화탕자소멸
我若向火湯 火湯自消滅
　화탕지옥 내가 가면 화탕 절로 사라지며

아약향지옥 지옥자고갈
我若向地獄 地獄自枯渴
　모든 지옥 내가 가면 지옥 절로 없어지고

아약향아귀 아귀자포만
我若向餓鬼 餓鬼自飽滿
　아귀세계 내가 가면 아귀 절로 배부르며

아약향수라 악심자조복
我若向修羅 惡心自調伏

아수라계 내가 가면 악한 마음 무너지고

아약향축생 자득대지혜
我若向畜生 自得大智慧

축생세계 내가 가면 지혜 절로 얻어지리.

나모관세음보살마하살
南無觀世音菩薩摩訶薩

나모대세지보살마하살
南無大勢至菩薩摩訶薩

나모천수보살마하살
南無千手菩薩摩訶薩

나모여의륜보살마하살
南無如意輪菩薩摩訶薩

나모대륜보살마하살
南無大輪菩薩摩訶薩

나모관자재보살마하살
南無觀自在菩薩摩訶薩

나모정취보살마하살
南無正趣菩薩摩訶薩

나모만월보살마하살
南無滿月菩薩摩訶薩

나모수월보살마하살
南無水月菩薩摩訶薩

나모군다리보살마하살
南無軍茶利菩薩摩訶薩

도량엄정

나모십일면보살마하살
南無十一面菩薩摩訶薩

나모제대보살마하살
南無諸大菩薩摩訶薩

나모본사아미타불 [삼편]
南無本師阿彌陀佛

[대비주 염송 때 '시리시리'라는 곳에서 법사는 감로수로 변한 정수를 버드나무 가지에 묻혀 공양단과 대중과 마당에 뿌려 깨끗하게 엄정(嚴淨)한다.]

신묘장구대다라니
神妙章句大陀羅尼

나모 라다나 다라야야, 나막 알야 바로기데새바라야 모디사다바야, 마하사다바야 마하가로니가야, 옴, 살바 바예수 다라나 가라야, 다사명 나막 까리다바, 이맘 알야바로기데새바라 다바, 니라간타 나막 하리나야 마발다 이샤미, 살발타 사다남, 수반, 아예염, 살바 보다남 바바 말아 미수다감, 다냐타, 옴, 아로계, 아로가마디, 로가디가란데, 혜혜 하례,

마하 모디사다바, 사마라 사마라 하리나야, 구로 구로 갈마 사다야 사다야, 도로 도로 미연데 마하미연데, 다라 다라 다린나례새바라, 자라 자라 마라 미마라, 아마라 몰데, 예혜혜 로계새바라, 라아미사 미나사야, 나베사미사 미나사야, 모하자라미사 미나사야, 호로 호로 마라, 호로 하례, 바나마나바, 사라 사라 시리 시리 소로 소로, 못댜 못댜 모다야 모다야, 매다리야 니라간타, 가마사 날사남 바라하라나야 마낙 스바하, 싯다야 스바하, 마하싯다야 스바하, 싯다유예새바라야 스바하, 니라간타야 스바하, 바라하목카 싱하목카야 스바하, 바나마 하따야 스바하, 자가라욕다야 스바하, 상카 섭나 네 모다나야 스바하, 마하 라구타 다라야 스바하, 바마 사간타 니샤 시체다 가릿

나 이나야 스바하, 먀가라 잘마 니바사
나야 스바하, 나모 라다나 다라야야, 나
막 알야 바로기데새바라야 스바하

○ 四方讚(사방찬, 가지주수한 물을 사방에 뿌린 후 하는 게송)

일쇄동방결도량 이쇄남방득청량
一灑東方潔道場 二灑南方得淸凉
삼쇄서방구정토 사쇄북방영안강
三灑西方俱淨土 四灑北方永安康

동방에 물 뿌리니 도량이 깨끗하고,
남방에 물 뿌리니 천지가 청량하며
서방에 물 뿌리니 정토가 이뤄지고,
북쪽에 물 뿌리니 영원히 평안하네.

○ 道場讚(도장찬, 도량이 청정해졌음을 찬탄하는 게송)

도량청정무하예 삼보천룡강차지
道場淸淨無瑕穢 三寶天龍降此地
아금지송묘진언 원사자비밀가호
我今持誦妙眞言 願賜慈悲密加護

청정도량 티끌 없어 삼보천룡 예오시네.
미묘 진언 외우오니 대자비로 살피소서.

● 擧佛(거불, 붓다의 명호를 칭하고 예를 올림)

[도량 정화를 마치고 각단 권공의식의 거불 편으로 들어간다.]
[각 재일에는 도량엄정을 한 다음 각전 권공의식 봉행]

[〈진언권공〉은 학조 역 『진언권공』(1496) 의식으로 봉안된 삼보와 성현님께 올리는 '사시마지' 의식이라고 할 수 있다. 퇴공 이후 경전 염송 법석과 정근 수행을 병행하고 이후에 축원할 수 있다.]

진언권공
眞言勸供

정법계진언 옴 람 [삼칠편]
淨法界眞言

진공진언 옴 반쟈 스바하 [삼편]
進供眞言

무량위덕자재광명승묘력변식진언
無量威德自在光明勝妙力變食眞言
나막 살바 다타아다 바로기데
「옴 삼바라 삼바라 훔」 [삼칠편]

출생공양진언 옴 [삼칠편]
出生供養眞言

정식진언 옴 다갸 바아라 훔 [삼칠편]
淨食眞言

보공양진언
普供養眞言

옴 아아나 삼바바 바아라 혹 [삼편]

[香] **연향공양 불사자비 수차공양**
燃 香 供 養　不 捨 慈 悲　受 此 供 養
향을 살라 공양하오니 자비를 버리지 마시고
이 공양을 받으소서. [저두]

[燈] **연등공양 불사자비 수차공양**
燃 燈 供 養　不 捨 慈 悲　受 此 供 養
등을 밝혀 공양하오니 자비를 버리지 마시고
이 공양을 받으소서. [저두]

[花] **향화공양 불사자비 수차공양**
香 花 供 養　不 捨 慈 悲　受 此 供 養
향화로 공양하오니 자비를 버리지 마시고
이 공양을 받으소서. [저두]

[果] **선과공양 불사자비 수차공양**
仙 果 供 養　不 捨 慈 悲　受 此 供 養
신선계의 과일로 공양하오니 자비를 버리지 마시고
이 공양을 받으소서. [저두]

[茶] **선다공양 불사자비 수차공양**
仙 茶 供 養　不 捨 慈 悲　受 此 供 養
신선계의 차로 공양하오니 자비를 버리지 마시고
이 공양을 받으소서. [저두]

[米] **향미공양 불사자비 수차공양**
香 米 供 養　不 捨 慈 悲　受 此 供 養

향미로 공양하오니 자비를 버리지 마시고
이 공양을 받으소서. [저두]

원차향공변법계 보공무진삼보해
願此香供遍法界 普供無盡三寶海
자비수공증선근 영법주세보불은
慈悲受供增善根 令法住世報佛恩

나막 살바 다타아데먁 미새봐목계먁
살바타감 오능아 데바라혜맘
「옴 아아나감 스바하」 [삼칠편]

○禮敬(예경)

경례 시방삼세 진허공계 일체제불
敬禮 十方三世 盡虛空界 一切諸佛
경례 시방삼세 진허공계 일체존법
敬禮 十方三世 盡虛空界 一切尊法
경례 시방삼세 진허공계
敬禮 十方三世 盡虛空界
일체보살연각성문일체현성승
一切菩薩緣覺聲聞一切賢聖僧

퇴공진언 옴 살바 반자 스바하 [삼편]
退供眞言

불전권공의
佛殿勸供儀

○ **擧佛**(거불, 붓다의 명호를 칭하고 예를 올림)

나모 청정법신 비로자나불
南無 淸淨法身 毘盧遮那佛

나모 원만보신 아미타불
南無 圓滿報身 阿彌陀佛

나모 천백억화신 석가모니불
南無 千百億化身 釋迦牟尼佛

○ **由致**(유치, 삼보 찬탄과 공양 올리는 연유를 밝힘)

앙유 삼보대성자 종진정계 흥대비
仰惟 三寶大聖者 從眞淨界 興大悲

운 비신현신 포신운어삼천세계 무
雲 非身現身 布身雲於三千世界 無

법설법 쇄법우어팔만진로 개종종방
法說法 灑法雨於八萬塵勞 開種種方

편지문 도망망사계지중 유구개수
便之門 導茫茫沙界之衆 有求皆遂

여공곡지전성 무원부종 약징담지인
如空谷之傳聲 無願不從 若澄潭之印

월
月

앙유(仰惟, 우러러 생각하오니) 삼보자존은 진여의 청정법계에서 자비의 구름으로 피어나 몸 아니시건만 구름처럼 삼천대천세계를 덮으시고, 설할 법이 없건만 법의 비로 팔만사천 번뇌를 씻으시며, 갖가지 방편 문을 열어 끝없는 고해 중생을 이끌어주시니, 빈 골짜기의 메아리처럼 구하는 것 모두 얻게 하시고, 맑은 연못의 달그림자처럼 원하는 것 모두 이뤄주십니다.

시이 사바세계 차사천하 남섬부주
是以 娑婆世界 此四天下 南贍部洲

동양 대한민국 모처거주 모인보체
東洋 大韓民國 某處居住 某人保體

모도 모군 모산 모사 청정지도량 이
某道 某郡 某山 某寺 淸淨之道場 以

차인연공덕 ○○○지원
此因緣功德   之願

그러하기에 사바세계 남섬부주 대한민국 ○○처 거주 ○○인 등이 ○○처 청정도량에서 이 공덕으로 ○○원(축원할 제목)을 이루고자,

이금월금일 건설법연 정찬공양 제
以今月今日 虔設法筵 淨饌供養 帝

망중중 무진삼보자존 훈근작법 앙
網重重 無盡三寶慈尊 薰懃作法 仰

기 묘원자
祈 妙援者

금월 금일 삼가 법연을 열어 조촐한 공양구를 다함없는 삼보자존께 공양하오니, 정성으로 법요를 거행하며 신기한 가피를 바라는

우복이 설명향이예경 정옥립이수재
右伏以 爇名香以禮敬 呈玉粒而修齋

재체수미 건성가민 기회자감 곡조
財體雖微 虔誠可愍 冀回慈鑑 曲照

미성 근병일심 고백예공
微誠 謹秉一心 告白禮供

저희 다시 명향을 사르고 예경하오며, 백옥 같은 흰쌀을 올려 재를 차렸사온데 공양물은 미미하오나 정성은 간절하오니 자비 거울 돌리시어 작은 정성을 굽어 비춰주시기를 삼가 일심으로 예로 공양 올리게 되었음을 아뢰옵니다.

[佛寶] 일심예경 이대자비 이위체고 구
一心禮敬 以大慈悲 而爲體故 救

호중생 이위자량 어제병고 위작양
護衆生 以爲資粮 於諸病苦 爲作良

의 어실도자 시기정로 어암야중 위
醫 於失道者 示其正路 於闇夜中 爲

작광명 어빈궁자 영득복장 평등요
作光明 於貧窮者 令得伏藏 平等饒

익 일체중생 청정법신 비로자나불
益 一切衆生 淸淨法身 毘盧遮那佛

원만보신 노사나불 천백억화신 석
圓滿報身 盧舍那佛 千百億化身 釋

가모니불 서방교주 아미타불 당래
迦牟尼佛 西方敎主 阿彌陀佛 當來

교주 미륵존불 시방상주 진여불보
敎主 彌勒尊佛 十方常住 眞如佛寶
무량무변 일일주변 일일진찰 유원
無量無邊 一一周遍 一一塵刹 唯願
자비 연민유정 불사자비 수차공양
慈悲 憐愍有情 不捨慈悲 受此供養

일심으로 예경하옵니다. 대자비로 본체를 삼고 중생을 구호하심을 자산과 양식으로 삼으며, 병들어 앓는 이에겐 좋은 의사가 되옵시고, 길 잃은 자에게는 바른길을 일러주시고, 어둠 속을 헤매는 자에겐 빛이 되시고, 가난한 자에겐 보배 창고 얻게 하며 모든 중생 두루 넉넉하게 하옵시는 청정 법신 비로자나 붓다, 원만보신 노사나붓다, 천백억 화신 석가모니 붓다와 서방교주 아미타 붓다, 장차 오실 용화교주 미륵 붓다 등 시방세계 항상 계신 진여 그대로의 불보, 한량없고 끝없으며 낱낱의 티끌세계에 두루 하는 불보시여, '자비로써' 중생을 어여삐 여기사 자비를 버리지 마옵시고 저희 공양을 받으소서.

○ 歌詠(가영, 공덕을 찬탄하며 읊는 게송)

불신보변시방중 삼세여래일체동
佛身普遍十方中 三世如來一體同
광대원운항부진 왕양각해묘난궁
廣大願雲恒不盡 旺洋覺海妙難窮

붓다님 몸 시방세계 두루 계시니
삼세 여래 모두 다 한 몸이시네.

크신 서원 언제나 다함이 없고
아득한 깨달음 미묘하여 알 수 없어라.

고아일심귀명정례
故我一心歸命頂禮

[法寶] 일심예경 일승원교 대화엄경 대승실교 묘법화경 삼처전심 격외선전 시방상주 심심법보 무량무변 일일주변 일일진찰 유원자비 연민유정 불사자비 수차공양
一心禮敬 一乘圓教 大華嚴經 大乘實教 妙法華經 三處傳心 格外禪詮 十方常住 甚深法寶 無量無邊 一一周遍 一一塵刹 唯願慈悲 憐愍有情 不捨慈悲 受此供養

일심으로 예경하옵니다. 일승법의 원만한 교법인 대화엄경·대승의 참 가르침인 묘법연화경, 세 곳에서 전하신 마음도리·언어문자 여읜 선법 등 시방에 항상 계신 매우 깊은 법보, 한량없고 끝없으며 낱낱의 티끌 세계에 두루 하는 법보시여, '자비로써' 중생을 어여삐 여기사 자비를 버리지 마시고 저희 공양 받으소서.

○ 歌詠(가영, 공덕을 찬탄하며 읊는 게송)

교능전리리중현 의리수행과자연
教能詮理理中玄 依理修行果自然

보게인간방십만 금문해내광삼천
寶偈人間方十萬 金文海內廣三千

가르침은 온전하여 이치 속엔 현묘함이 있어
이치대로 수행하면 저절로 이루어지리.
보배 게송 인간 세계 십만이나 되고
붓다님의 말씀은 삼천세계에 가득하네.

고아일심귀명정례
故我一心歸命頂禮

[僧寶] 일심예경 대지문수보살 대행보현보살 대비관세음보살 대원지장보살 전불심등 가섭존자 유통교해 아난존자 시방상주 청정승보 무량무변 일일주변 일일진찰 유원자비 연민유정 불사자비 수차공양
一心禮敬 大智文殊菩薩 大行普賢菩薩 大悲觀世音菩薩 大願地藏菩薩 傳佛心燈 迦葉尊者 流通敎海 阿難尊者 十方常住 淸淨僧寶 無量無邊 一一周遍 一一塵刹 唯願慈悲 憐愍有情 不捨慈悲 受此供養

일심으로 예경하옵니다. 대지 문수보살, 대행 보현보살, 대비 관세음보살, 대원 지장보살님, 붓다님의 마음 등불 전해 받은 가섭존자·교법 바다를 유통시킨 아난존자 등 시방에 항상 계신 청정 승보님, 이와 같은 한량없고 끝없으며 낱낱의 티끌세계에 두루 하는 승보시여, '자비로써' 중생을 어여삐 여기사 자비를 버리지 마옵시고 저희 공양 받으소서.

○ 歌詠(가영, 공덕을 찬탄하며 읊는 게송)

원정방포계불등 전의설법이군생
圓頂方袍繼佛燈 傳衣說法利群生
귀의부득생분별 휴택범승여성승
歸依不得生分別 休擇凡僧與聖僧

둥근 머리 장삼 입고 붓다님의 등불 잇고,
의발 전하고 법을 설해 중생을 유익케 하네.
귀의하되 분별하는 마음을 일으키지 않으면,
범승과 성인을 가리는 마음을 쉬게 되리라.

고아일심귀명정례
故我一心歸命頂禮

정법계진언 옴 람 [삼칠편]
淨法界眞言

진공진언 옴 살바 반좌 스바하 [삼편]
進供眞言

○ 供養偈(공양게, 공양 올리는 게송)

아금풍송비밀주 유출무변광대공
我今諷誦秘密呪 流出無邊廣大供
보공무진삼보해 원수자비애납수
普供無盡三寶海 願垂慈悲哀納受

제가 이제 비밀다라니 염송하니,
무변하고 광대한 공양이 유출됩니다.
다함없는 삼보님께 널리 공양 올리니,
자비로써 중생을 어여삐 여겨 받으옵소서.

○ 眞言變供 (진언변공, 진언으로 공양의 변화를 청함)

> ※ 법주는 요령을 한 번 갈아놓고 "향기로운~ 내리소서."까지 요령 없이 창하고 "나모시방불"할 때부터 요령을 계속 흔들며 진행한다. 이때는 조금 빠르게 한다. 바라지는 공양게 "원수애납수: 자비로써 받으옵소서."에서 엎드려 있다가 "나모시방승" 3편 할 때 예공을 시작한다.

향수나열 재자건성
香羞羅列 齋者虔誠

욕구공양지주원 수장가지지변화
欲求供養之周圓 須仗加持之變化

앙유삼보특사가지
仰惟三寶特賜加持

향기로운 음식들은 재자들의 간절한 정성입니다.
공양이 두루 원만하게 이뤄지려면
가지 변화에 의지해야 하오니
삼보시여, 특별히 가지를 내리소서.

나모시방불 나모시방법 나모시방승

무량위덕자재광명승묘력변식진언
無量威德自在光明勝妙力變食眞言

(붓다의 가지로 공양 음식이 변화되는 진언)

나막 살바 다타아다 바로기데
「옴 삼바라 삼바라 훔」 [삼칠편]

출생공양진언 옴 [삼칠편]
出生供養眞言

정식진언 옴 다갸 바아라 훔 [삼칠편]
淨食眞言

○ 加持供養(가지공양, 가지한 공양물을 올림)

상래 가지기필 공양장진
上來 加持旣畢 供養將陳

지금까지 가지한 공양물을 펼칩니다.

원차향위해탈지견
願此香爲解脫知見

원차등위반야지광
願此燈爲般若智光

이 향이 해탈 지견의 향이 되게 하소서.
이 등이 반야 지혜의 빛이 되게 하소서.

원차수위감로제호
願此水爲甘露醍醐

원차식위법희선열
願此食爲法喜禪悅

이 청수는 감로제호가 되게 하소서.
이 음식은 법회선열이 되게 하소서

내지 번화호열 다과교진
乃至 幡花互列 茶果交陳

번과 꽃을 차렸거나 진설하였을 때는

즉세제지장엄 성묘법지공양 [저두]
卽世諦之莊嚴 成妙法之供養

번화는 세상의 진리로 장엄되게 하소서.
다과는 묘법의 공양이 되게 하소서.

자비소적 정혜소훈
慈悲所積 定慧所熏

이차향수 특신배헌[1] [공양]
以此香羞 特伸拜獻

자비가 쌓이고 정혜가 덮인
이와 같은 향긋한 공양물을 펴오며 절하옵니다.

○ 六法供養(육법공양, 여섯 가지 법 공양물을 올림)

[香] 연향공양 불사자비 수차공양
燃香供養 不捨慈悲 受此供養

향을 살라 공양하오니 자비를 버리지 마시고
이 공양을 받으소서. [저두]

[燈] 연등공양 불사자비 수차공양
燃燈供養 不捨慈悲 受此供養

등을 밝혀 공양하오니 자비를 버리지 마시고
이 공양을 받으소서. [저두]

[花] 향화공양 불사자비 수차공양
香花供養 不捨慈悲 受此供養

향화로 공양하오니 자비를 버리지 마시고

---

1) 이하에서 육법공양을 할 때는 '배헌'을 '공양'이라고 하며 육법공양을 할 수도 있다.

이 공양을 받으소서. [저두]

[果] **선과공양 불사자비 수차공양**
仙果供養 不捨慈悲 受此供養

신선계의 과일로 공양하오니 자비를 버리지 마시고
이 공양을 받으소서. [저두]

[茶] **선다공양 불사자비 수차공양**
仙茶供養 不捨慈悲 受此供養

신선계의 차로 공양하오니 자비를 버리지 마시고
이 공양을 받으소서. [저두]

[米] **향미공양 불사자비 수차공양**
香米供養 不捨慈悲 受此供養

향미로 공양하오니 자비를 버리지 마시고
이 공양을 받으소서. [저두]

○所禮供養(소례공양, 삼보께 절하며 공양 올림)

이차가지묘공구 공양시방제불타
以此加持妙供具 供養十方諸佛陀

이 가지한 오묘한 공양구로 시방의 여러 붓다님께
공양합니다.

이차가지묘공구 공양시방제달마
以此加持妙供具 供養十方諸達摩

이 가지한 오묘한 공양구로 시방의 여러 달마님께
공양합니다.

이차가지묘공구 공양시방제승가
以此加持妙供具 供養十方諸僧伽

이 가지한 오묘한 공양구로 시방의 여러 승가에
공양합니다.

불사자비수차공 시작불사도중생
不捨慈悲受此供 施作佛事度衆生

자비를 버리지 마시고 이 공양을 받으시고
불사를 펴시고 중생을 건지소서.

보공양진언
普供養眞言

옴 아아나 삼바바 바아라 혹

보회향진언
普回向眞言

옴 사마라 사마라 미마나 사라마하 자가라바 훔

[이하 축원 앞까지 법사는 대중을 향하여 진행]

발사홍서원
發四弘誓願

중생무변서원도 번뇌무진서원단
衆生無邊誓願度 煩惱無盡誓願斷
법문무량서원학 불도무상서원성
法門無量誓願學 佛道無上誓願成

중생을 다 건지오리다. 번뇌를 다 끊으오리다.
법문을 다 배우오리다. 불도를 다 이루오리다.

원성취진언 (願成就眞言)

옴 아모가 살바다라 사다야 시베 훔

○ 五戒誓願(오계서원, 오계를 지킬 것을 서원함)

제일조정계 불살생 (第一條淨戒 不殺生)

제1조 붓다께서는 살생하지 말라고 경계하셨습니다.

제이조정계 불투도 (第二條淨戒 不偸盜)

제2조 붓다께서는 훔치지 말라고 경계하셨습니다.

제삼조정계 불사음 (第三條淨戒 不邪婬)

제3조 붓다께서는 사음하지 말라고 경계하셨습니다.

제사조정계 불망어 (第四條淨戒 不妄語)

제4조 붓다께서는 거짓말하지 말라고 경계하셨습니다.

제오조정계 불음주 (第五條淨戒 不飮酒) [식육 食肉]

제5조 붓다께서는 술 먹지 말라고 경계하셨습니다.

○ 修成六度(수성육도, 육바라밀을 서원함)

일자 보시바라밀다 (一者 布施波羅蜜多)

첫째 보시바라밀을 닦겠습니다.

이자 지계바라밀다
二者 持戒波羅蜜多

둘째 지계바라밀을 닦겠습니다.

삼자 인욕바라밀다
三者 忍辱波羅蜜多

셋째 인욕바라밀을 닦겠습니다.

사자 정진바라밀다
四者 精進波羅蜜多

넷째 정진바라밀을 닦겠습니다.

오자 선정바라밀다
五者 禪定波羅蜜多

다섯째 선정바라밀을 닦겠습니다.

육자 지혜바라밀다
六者 智慧波羅蜜多

여섯째 지혜바라밀을 닦겠습니다.

[금강경, 지장경, 법화경, 사대주 등 선택하여 독송]

● 四大呪(사대주, 법공양)

나모대불정여래밀인수증요의
南無大佛頂如來密因修證了義
제보살만행수능엄신주 다냐타
諸菩薩萬行首楞嚴神呪

「옴 아날레 비샤데, 비라 바즈라 다레, 반다 반다니, 바즈라 빠니 팟, 훔 뜨룸 팟, 쓰와하」

정본 관자재보살 여의륜주
正本 觀自在菩薩 如意輪呪

나모못다야 나모달마야 나모승가야 나모 아리야 바로기데 사라야 모디사다야 마하사다야 사가라 마하가로니가야 하리다야 만다라 다냐타 가가나 바라지진다 마니 마하무다례 루로루로 지따 하리다예 비사예
「옴 부다나 부다니 야등」

불정심 관세음보살 모다라니
佛頂心 觀世音菩薩 姥陀羅尼

나모 라다나 다라야야 나막 아리야 바로기데 새바라야 모디사다바야 마하사다바야 마하가로니가야 다냐타 아바다 아바다 바리바데 인혜혜 다냐타 살바다라니 만다라야 인혜혜 바라마수다

못다야 「옴 살바작수가야 다라니 인디
리야 다냐타 바로기데 새바라야 살바
도따 오하야미 스바하」

불설소재길상다라니
佛說消災吉祥陀羅尼

나모 사만다 못다남 아바라디 하다샤
사나남 다냐타 「옴 카카 카헤 카헤 훔
훔 아바라 아바라 바라아바라 바라아
바라 디따 디따 띠리띠리 빠다빠다 션
디가 새리예 스바하」

○ 南無佛精勤(나모붓다야 정근)

"옴, 공경하는 마음으로 고통받는 중생이
지혜로 안락하고 정토에 들게 하는 우리
들의 스승이신 붓다님께 귀명합니다."

"나모붓다야" [칭명 십념 이상]

"붓다님께 아뢰옵니다. 가족은 건강하고,
학문/사업/직무는 성취하며, 친지들은 행

복하고, 이웃들은 안락하며 구경에는 해탈하여지이다. 감"

○ 精勤祝願(정근축원, 정근 후 올리는 축원)

앙고[仰告, 우러러 아룁니다.] 시방삼세 제망중중 다함 없는 삼보시여, 자비를 버리지 마시고 지혜 광명을 드리워 주소서.

지금까지 닦은 바다 같은 공덕을 중생들과 우리의 깨달음과 실제에로 회향하오니 모두 원만히 이뤄지이다.

대한민국의 국운이 융창하고, 민족이 단합하며, 국위가 선양되고, 남북이 통일되며, 세계가 평화롭고, 만민이 모두 즐겁고, 붓다님 광명이 날로 빛나며, 법륜이 항상 구르기를 바랍니다.

사바세계 남섬부주 대한민국 ○○처 수월도량에서 금일 지극한 정성으로 공양하며 발원하는 재자는 대한민국 ○○처 거주 ○

○인입니다. 오늘 모인 대중인 청신사 청신녀 동남동녀 백의단월 각각 등이 이 인연공덕으로 제불보살님께서 보살피시는 오묘한 가피력을 받아서, 일체의 재앙과 마음의 장애가 영원히 사라지고, 가정이 모두 화목하여 편안한 삶을 살고, 재수는 대통하여 사업이 번창하고, 자손은 창성하고 병 없이 오래 살며, 온갖 일이 형통하여 어려운 일 사라지고, 마음속에 구하던 것 뜻과 같이 원만하게 성취하며, 매일매일 여러 가지 상서로운 경사 있고, 어느 때나 일체 재앙 없어지고, 수명은 태산같이 길어지고, 복덕은 바다처럼 넓어지기를 널리 살펴주소서.

동참 재자 모두 붓다님 집안에서 신심이 견고하여 영원히 물러나지 아니하고 아눗다라삼먁삼보디심을 발하게 하소서.

동참 재자들의 먼저 돌아가신 각 부모님을 비롯한 모든 영령이 이 인연공덕으로 극락세계 왕생하여 상품에 상생하게 하소서.

그런 뒤에, 강가 강 모래의 숫자같이 많은 법계의 한량없는 불자들이, 꽃으로 장엄된 화장세계에 노닐며 깨달음의 도량에 들어가, 항상 화엄세계의 불보살님들을 만나뵙고, 모든 붓다의 크신 광명을 입어, 무량한 죄업 소멸되고 한량없는 큰 지혜를 얻어, 위없는 바른 깨달음을 단박에 이루어, 널리 법계의 모든 중생을 제도하여, 붓다님의 크신 은혜 갚기를 원하오며, 세상에 날 때마다 보살도를 행하여 마침내 일체지를 원만히 이루어지이다.

퇴공진언(退供眞言) 옴 살바 반좌 스바하 [삼편]

신중단권공
神衆壇勸供

헌향진언 옴 바아라 도비야 훔 [삼편]
獻香眞言

○ 茶藥偈(다약게, 별도로 공양을 올릴 때)

청정명다약 능제병혼침
淸淨名茶藥 能除病昏沈
유기옹호중 원수애납수 [삼편]
唯冀擁護衆 願垂哀納受

맑고 깨끗한 차와 약은 병과 혼침 없애리니
옹호 성중이여, 자비로써 받으소서.

○ 供養偈(공양게, 마지 퇴공 공양 올리는 게송)

이차청정향운공 봉헌옹호성중전
以此淸淨香雲供 奉獻擁護聖衆前
감차재자건간심 원수자비애납수
鑑此齋者虔懇心 願垂慈悲哀納受

청정하고 향긋한 공양을 옹호 성중님께 올리오니
재자의 정성을 살피시어 자비로써 받아 주옵소서.

[화엄성중] 104위 성중인 경우 신중예경 참조 공양 가능

○ 禮供(예공, 절하며 공양 올림)

지심정례공양 진법계 허공계
至心頂禮供養 盡法界 虛空界

      화엄회상 욕색제천중
      華嚴會上 欲色諸天衆

지심정례공양 진법계 허공계
至心頂禮供養 盡法界 虛空界

      화엄회상 팔부사왕중
      華嚴會上 八部四王衆

지심정례공양 진법계 허공계
至心頂禮供養 盡法界 虛空界

      화엄회상 호법선신중
      華嚴會上 護法善神衆

원제천룡팔부중 위아옹호불리신
願諸天龍八部衆 爲我擁護不離身
어제난처무제난 재자소원능성취
於諸難處無諸難 齋者所願能成就

천룡팔부 신중님,
제 곁을 떠나지 마옵시고 지켜 주시고,
어려움 처하더라도 어려움 없게 하시어,
재자의 소원을 이루게 하오소서.

○ 祝願(축원, 소원을 별도로 빎)

반야바라밀다심경 [밖을 향해]
般若波羅蜜多心經

관자재보살 행심반야바라밀다시 조
觀自在菩薩 行深般若波羅蜜多時 照

견오온개공 도일체고액 사리자 색
見五蘊皆空 度一切苦厄 舍利子 色

불이공 공불이색 색즉시공 공즉시
不異空 空不異色 色卽是空 空卽是

색 수상행식 역부여시 사리자 시제
色 受想行識 亦復如是 舍利子 是諸

법공상 불생불멸 불구부정 부증불
法空相 不生不滅 不垢不淨 不增不

감 시고 공중무색 무수상행식 무안
減 是故 空中無色 無受想行識 無眼

이비설신의 무색성향미촉법 무안계
耳鼻舌身意 無色聲香味觸法 無眼界

내지 무의식계 무무명 역무무명진
乃至 無意識界 無無明 亦無無明盡

내지 무노사 역무노사진 무고집멸
乃至 無老死 亦無老死盡 無苦集滅

도 무지 역무득 이무소득고 보리살
道 無智 亦無得 以無所得故 菩提薩

타 의반야바라밀다고 심무가애 무
埵 依般若波羅蜜多故 心無罣碍 無

가애고 무유공포 원리전도몽상 구
罣碍故 無有恐怖 遠離顚倒夢想 究

경열반 삼세제불 의반야바라밀다고
竟涅槃 三世諸佛 依般若波羅蜜多故

득아뇩다라삼막삼보리 고지 반야바
得阿耨多羅三藐三菩提 故知 般若波

라밀다 시대신주 시대명주 시무상
羅蜜多 是大神呪 是大明呪 是無上

주 시무등등주 능제일체고 진실불
呪 是無等等呪 能除一切苦 眞實不

허 고설반야바라밀다주 즉설주왈
虛 故說般若波羅蜜多呪 卽說呪曰

아뎨아뎨 바라아뎨 바라싱아뎨 모디
스바하 [삼편]

[반야심경이나 대비주 염송은 의례를 마친 뒤 본래 곳으로 돌아가는 의미로 염송한다. 그래서 중단 예경이나 권공 이후에는 밖을 향해 염송한 다음 각 전각으로 출발한다.]

극락전권공
極樂殿勸供

○ **擧佛**(거불, 붓다의 명호를 칭하고 예를 올림)

나모 극락도사 아미타불
南無 極樂導師 阿彌陀佛

나모 관음세지 양대보살
南無 觀音勢至 兩大菩薩

나모 일체청정 대해중보살
南無 一切淸淨 大海衆菩薩

변식진언 [운운]
變食眞言

출생공양진언 · 정식진언 [운운]
出生供養眞言 淨食眞言

상래 가지이흘 공양장진
上來 加持已訖 供養將陳

[香] **연향공양 불사자비 수차공양**
燃香供養 不捨慈悲 受此供養
향을 살라 공양하오니 자비를 버리지 마시고
이 공양을 받으소서. [저두]

[燈] **연등공양 불사자비 수차공양**
燃燈供養 不捨慈悲 受此供養
등을 밝혀 공양하오니 자비를 버리지 마시고
이 공양을 받으소서. [저두]

[花] **향화공양 불사자비 수차공양**
香花供養 不捨慈悲 受此供養
향화로 공양하오니 자비를 버리지 마시고
이 공양을 받으소서. [저두]

[果] **선과공양 불사자비 수차공양**
仙果供養 不捨慈悲 受此供養
신선계의 과일로 공양하오니 자비를 버리지 마시고
이 공양을 받으소서. [저두]

[茶] **선다공양 불사자비 수차공양**
仙茶供養 不捨慈悲 受此供養
신선계의 차로 공양하오니 자비를 버리지 마시고
이 공양을 받으소서. [저두]

[米] **향미공양 불사자비 수차공양**
香米供養 不捨慈悲 受此供養
향미로 공양하오니 자비를 버리지 마시고
이 공양을 받으소서. [저두]

○ 加持供養(가지공양, 가지한 공양물을 공양 올림)

이차가지묘공구
以此加持妙供具
공양 극락도사 아미타불 [절]
供養 極樂導師 阿彌陀佛
이 가지한 오묘한 공양구로
극락도사 아미타 붓다님께 공양합니다.

이차가지묘공구
以此加持妙供具

공양 관음세지 양대보살 [절]
供養 觀音勢至 兩大菩薩

이 가지한 오묘한 공양구로
관음 세지 양대 보살님께 공양합니다.

이차가지묘공구
以此加持妙供具

공양 일체청정 대해중보살 [절]
供養 一切淸淨 大海衆菩薩

이 가지한 오묘한 공양구로
일체 청정대해의 여러 보살님들께 공양합니다.

불사자비수차공 시작불사도중생
不捨慈悲受此供 施作佛事度衆生

자비를 버리지 마시고 이 공양을 받으시고
불사를 펴시고 중생을 건지소서.

보공양진언 [운운]
普供養眞言

보회향진언 [운운]
普回向眞言

[이하 불전과 동일하게 진행. 아미타경, 왕생주 염송]

○精勤(정근, 명호를 칭하며 가피를 구함)

나모 서방대교주 무량수여래불
南無 西方大敎主 無量壽如來佛

나모아미타불 [상황 따라]
南無阿彌陀佛

○祝願(축원, 소원을 빎)

연지대사 극락왕생발원문

극락세계에 계시면서 중생을 이끌어 주시는 아미타불께 귀의합니다. 그 세계에 가서 나기를 발원하나니, 자비하신 원력으로 굽어살펴주소서.

저희들이 네 가지 은혜 끼친 이와 삼계 중생들을 위하여 붓다의 위 없는 도를 이룩하려는 정성으로 아미타불의 거룩하신 명호를 일컬으며 극락세계에 가서 나기를 원합니다. 업장은 두텁고 복과 지혜는 엷어 더러운 마음 물들기 쉽고 깨끗한 공덕 이루기 어렵기에 이제 붓다님 앞에서 지극한 정성으로 예배하고 참회합니다.

저희들이 끝없는 옛적부터 오늘에 이르도록 몸과 입으로 또 마음으로 한량없이 지은 죄와 한량없이 맺은 원수, 모두 녹여 버리고 오늘부터 서원을 세워 나쁜 짓 멀리하여 다시는 짓지 않고 보살도 항상 닦아 물러나지 않으며 정각을 이루어서 중생을 제도하려 합니다.

아미타 붓다시여, 대자대비하신 원력으로 저희들을 증명하시고 어여삐 여기시며 저를 가피하셔서 삼매에서나 꿈속에서나 아미타불의 거룩하신 상호를 뵙고 아미타불의 장엄하신 국토에 다니면서 아미타불의 감로로 뿌려주시고 광명으로 비춰주시고 손으로 만져주시고 옷으로 덮어주심을 입어 업장은 소멸되고 선근은 자라나며 번뇌는 없어지고 무명은 깨어져서 원각의 묘한 마음 뚜렷하게 열리고 상적광토가 항상 앞에 나타나게 하소서.

또 이 목숨 마칠 때 갈 시간 미리 알아 여러 가지 병고액난, 이 몸에 없어지고 탐진치 온갖 번뇌 마음에 씻은 듯이 육근이 화락하고 한 생각 분명하여 이 몸을 버리기 정에 들듯하면 그때 아미타불께서 관음·세지 두 보살과 모든 성중 데리시고 광명 놓아 맞으시며 손에 들어 이끌어 높고 넓은 누각들과 아름다운 깃발들과 맑은 향기, 고운 풍류, 거룩한 극락세계 눈앞에 분명하거든 보는 이, 듣는 이들 기쁘고 감격하여 위 없이 깨친 마음 다 같이 낼 때 이내 몸 고이고이 금강대에 올라앉아 붓다를 뒤따라 극락정토 나아가서 칠보로 된 연못 속에 상품상생한 뒤에 불·보살 뵙거든 미묘한 법문 듣고 무생법인 깨치며 붓다님 섬기고 수기를 친히 받아 삼신·사지와 오안·육통과 백천 다라니와 온갖 공덕을 원만하게 이루게 하소서.

  그러한 후 극락세계를 떠나지 아니하고 사바세계에 다시 돌아와 한량없는 분신으로 시방국토 다니면서 여러 가지 신통력과 갖가지 방편으로 무량중생 제도하여 탐진치 삼독 여의고 깨끗한 참마음으로 극락세계에 함께 가서 물러나지 않는 자리에 오르게 하려 하오니 세계가 끝이 없고 중생이 끝이 없고 번뇌 업장이 모두 끝이 없다 할지라도 이내 서원도 끝이 없습니다.

저희들이 지금 예배하고 발원하여 닦아 지닌 공덕을 온갖 중생에게 베풀어주어 네 가지 은혜 골고루 갚고 삼계 유정들 모두 제도하여 다 같이 일체 종지를 이루겠습니다.

약사전권공
藥師殿勸供

○ **擧佛**(거불, 붓다의 명호를 칭하고 예를 올림)

나모 약사유리광여래불
南無 藥師琉璃光如來佛

나모 일광변조소재보살
南無 日光遍照消災菩薩

나모 월광변조식재보살
南無 月光遍照息災菩薩

변식진언 [운운]
變食眞言

출생공양진언 · 정식진언 [운운]
出生供養眞言   淨食眞言

상래 가지기필 공양장진
上來 加持旣畢 供養將陳

[香] 연향공양 불사자비 수차공양
　　燃香供養　不捨慈悲　受此供養
　　향을 살라 공양하오니 자비를 버리지 마시고
　　이 공양을 받으소서. [저두]

[燈] 연등공양 불사자비 수차공양
　　燃燈供養　不捨慈悲　受此供養
　　등을 밝혀 공양하오니 자비를 버리지 마시고
　　이 공양을 받으소서. [저두]

[花] **향화공양 불사자비 수차공양**
香 花 供 養　不 捨 慈 悲　受 此 供 養

향화로 공양하오니 자비를 버리지 마시고
이 공양을 받으소서. [저두]

[果] **선과공양 불사자비 수차공양**
仙 果 供 養　不 捨 慈 悲　受 此 供 養

신선계의 과일로 공양하오니 자비를 버리지 마시고
이 공양을 받으소서. [저두]

[茶] **선다공양 불사자비 수차공양**
仙 茶 供 養　不 捨 慈 悲　受 此 供 養

신선계의 차로 공양하오니 자비를 버리지 마시고
이 공양을 받으소서. [저두]

[米] **향미공양 불사자비 수차공양**
香 米 供 養　不 捨 慈 悲　受 此 供 養

향미로 공양하오니 자비를 버리지 마시고
이 공양을 받으소서. [저두]

○ 加持供養 (가지공양, 가지한 공양물을 공양 올림)

이차가지묘공구
以 此 加 持 妙 供 具

공양약사유리광여래불 [절]
供 養 藥 師 琉 璃 光 如 來 佛

이 가지한 오묘한 공양구로 약사유리광여래붓다님께
공양합니다.

이차가지묘공구
以此加持妙供具

공양일광변조소재보살 [절]
供養日光遍照消災菩薩

이 가지한 오묘한 공양구로 일광변조소재보살님께
공양합니다.

이차가지묘공구
以此加持妙供具

공양월광변조식재보살 [절]
供養月光遍照息災菩薩

이 가지한 오묘한 공양구로 월광변조식재보살님께
공양합니다.

불사자비수차공 시작불사도중생
不捨慈悲受此供 施作佛事度衆生

자비를 버리지 마시고 이 공양을 받으시고
불사를 펴시고 중생을 건지소서.

보공양진언 [운운]
普供養眞言

보회향진언 [운운]
普回向眞言

[이하 불전과 동일하게 진행. 약사경 염송]

○ **精勤**(정근, 명호를 칭하며 가피를 구함)

나모 동방만월세계 십이대원
南無 東方滿月世界 十二大願

약사유리광여래불
藥師琉璃光如來佛

약사여래불 [상황 따라]
藥師如來佛

○ **祝願**(축원, 소원을 빎)

앙고(仰告, 우러러 아룁니다.) 동방만월세계 열두 가지 서원을 세우신 약사유리광여래 자비의 존자시여, 자비를 버리지 마시고 밝은 거울을 드리우소서. 지금까지 닦은 한량없는 공덕을 세 곳으로 돌리니, 모두 원만히 이루게 하소서.

사바세계 남섬부주 대한민국 ○○처 청정수월도량에서, 오늘 지극한 정성으로 공양하며 발원하는 재자 ○○처 거주 ○○인 보체가 이 인연공덕으로 일체의 고통과 액난이 영원히 소멸되고, 사대는 강건하고 육근은 청정해져 언제나 평안하고 행복하게 장수를 누리며, 자손은 번창하고 부귀영화 성취되며 마음속 소원이 뜻대로 원만히 이루어지게 하소서.

  그런 뒤에 갠지스강 모래알처럼 많은 법계의 한량없는 불자들이, 꽃으로 장엄된 화장세계에 노닐며 깨달음의 도량에 함께 들어가, 항상 화엄세계의 불보살을 만나 뵙고, 모든 붓다의 크신 광명을 입어, 무량한 죄업 소멸되고 한량없는 큰 지혜를 얻어, 위없고 바른 깨달음을 단박에 이루어, 널리 법계의 모든 중생을 제도하여, 붓다님의 크신 은혜 갚기 원하며, 태어나는 세상마다 보살도를 행하여 마침내 일체지를 원만히 이루어지게 하소서.

관음전권공
觀音殿勸供

○ **擧佛**(거불, 붓다의 명호를 칭하고 예를 올림)

나모 보문시현 관세음보살
南無 普門示現 觀世音菩薩

나모 좌보처 남순동자
南無 左補處 南巡童子

나모 우보처 해상용왕
南無 右補處 海上龍王

변식진언 [운운]
變食眞言

출생공양진언 · 정식진언 [운운]
出生供養眞言　淨食眞言

상래 가지기필 공양장진
上來 加持旣畢 供養將陳

[香] 연향공양 불사자비 수차공양
　　燃香供養 不捨慈悲 受此供養
　　향을 살라 공양하오니 자비를 버리지 마시고
　　이 공양을 받으소서. [저두]

[燈] 연등공양 불사자비 수차공양
　　燃燈供養 不捨慈悲 受此供養
　　등을 밝혀 공양하오니 자비를 버리지 마시고
　　이 공양을 받으소서. [저두]

[花] **향화공양 불사자비 수차공양**
香花供養 不捨慈悲 受此供養
향화로 공양하오니 자비를 버리지 마시고
이 공양을 받으소서. [저두]

[果] **선과공양 불사자비 수차공양**
仙果供養 不捨慈悲 受此供養
신선계의 과일로 공양하오니 자비를 버리지 마시고
이 공양을 받으소서. [저두]

[茶] **선다공양 불사자비 수차공양**
仙茶供養 不捨慈悲 受此供養
신선계의 차로 공양하오니 자비를 버리지 마시고
이 공양을 받으소서. [저두]

[米] **향미공양 불사자비 수차공양**
香米供養 不捨慈悲 受此供養
향미로 공양하오니 자비를 버리지 마시고
이 공양을 받으소서. [저두]

○ 加持供養(가지공양, 가지한 공양물을 공양 올림)

이차가지묘공구 공양관세음보살
以此加持妙供具 供養觀世音菩薩
이 가지한 오묘한 공양구로 관세음보살님께 공양합니다.

이차가지묘공구 공양남순동자
以此加持妙供具 供養南巡童子
이 가지한 오묘한 공양구로 좌보처 남순동자님께 공양

합니다.

이차가지묘공구 공양해상용왕
以 此 加 持 妙 供 具　供 養 海 上 龍 王

이 가지한 오묘한 공양구로 우보처 해상용왕님께 공양합니다.

불사자비수차공 시작불사도중생
不 捨 慈 悲 受 此 供　施 作 佛 事 度 衆 生

자비를 버리지 마시고 이 공양을 받으시고 불사를 펴시고 중생을 건지소서.

보공양진언 [운운]
普 供 養 眞 言

보회향진언 [운운]
普 回 向 眞 言

[이하 불전과 동일하게 진행, 관음경 독송]

○ 精勤(정근, 명호를 칭하며 가피를 구함)

나모 보문시현 원력홍심 대자대비
南 無　普 門 示 現　願 力 洪 深　大 慈 大 悲

구고구난 관세음보살
救 苦 救 難　觀 世 音 菩 薩

관세음보살 [상황 따라]
觀 世 音 菩 薩

관세음보살 멸업장진언
觀世音菩薩 滅業障眞言

옴 아로늑계 스바하

구족신통력 광수지방편
具足神通力 廣修智方便
시방제국토 무찰불현신
十方諸國土 無刹不現身

두루 갖춘 신통의 힘과 널리 닦은 지혜의 방편으로
시방세계 모든 국토에 빠짐없이 그 몸을 나타내시네.

○祝願(축원, 소원을 빎)

앙고(仰告, 우러러 아룁니다.) 대자대비하신 관세음보살님이시여, 자비를 버리지 마시고 지혜광명을 드리워 주소서.

지금까지 닦은 바다 같은 공덕을 세 곳으로 회향하니 모두 원만하게 하소서.

사바세계 남섬부주 대한민국 ○○처 청정수월도량에서, 오늘 지극한 정성으로 공양하며 발원하는 재자 ○○거주 ○○보체 등이 이 인연 공덕으로 일체의 병고와 재난이 소멸하고 사대가 건강하고 육근이 청정하여 수명이 길어지고 편안하고 태평하며 부귀영화 누리며 마음속에 구하는 모든 소원이 뜻대로 원만히 이루게 하소서.

  그런 뒤에, 갠지스강 모래수와 같이 많은 법계의 한량없는 불자들이, 꽃으로 장엄된 화장세계에 노닐며 깨달음의 도량에 들어가, 항상 화엄세계의 불보살님들을 만나 뵙고, 모든 붓다의 크신 광명을 입어, 무량한 죄업 소멸되고 한량없는 큰 지혜를 얻어, 위없는 바른 깨달음을 단박에 이루어, 널리 법계의 모든 중생을 제도하고, 붓다님의 크신 은혜 갚기 원하며, 태어나는 세상마다 보살도를 행하여 마침내 일체지를 원만히 이루어지게 하소서.

지장전권공
地藏殿勸供

○ **擧佛**(거불, 붓다의 명호를 칭하고 예를 올림)

나모 지장보살마하살
南無 地藏菩薩摩訶薩

나모 좌보처 도명존자
南無 左補處 道明尊者

나모 우보처 무독귀왕
南無 右補處 無毒鬼王

변식진언 [운운]
變食眞言

출생공양진언 · 정식진언 [운운]
出生供養眞言 淨食眞言

상래 가지기필 공양장진
上來 加持旣畢 供養將陳

[香] 연향공양 불사자비 수차공양
燃香供養 不捨慈悲 受此供養

향을 살라 공양하오니 자비를 버리지 마시고
이 공양을 받으소서. [저두]

[燈] 연등공양 불사자비 수차공양
燃燈供養 不捨慈悲 受此供養

등을 밝혀 공양하오니 자비를 버리지 마시고
이 공양을 받으소서. [저두]

[花] 향화공양 불사자비 수차공양
　　香花供養　不捨慈悲　受此供養
　향화로 공양하오니 자비를 버리지 마시고
　이 공양을 받으소서. [저두]

[果] 선과공양 불사자비 수차공양
　　仙果供養　不捨慈悲　受此供養
　신선계의 과일로 공양하오니 자비를 버리지 마시고
　이 공양을 받으소서. [저두]

[茶] 선다공양 불사자비 수차공양
　　仙茶供養　不捨慈悲　受此供養
　신선계의 차로 공양하오니 자비를 버리지 마시고
　이 공양을 받으소서. [저두]

[米] 향미공양 불사자비 수차공양
　　香米供養　不捨慈悲　受此供養
　향미로 공양하오니 자비를 버리지 마시고
　이 공양을 받으소서. [저두]

○ 加持供養(가지공양, 가지한 공양물을 공양 올림)

이차가지묘공구
以此加持妙供具
공양지장보살마하살
供養地藏菩薩摩訶薩
　이 가지한 오묘한 공양구로 지장보살님께 공양합니다.

이차가지묘공구 공양도명존자
以此加持妙供具　供養道明尊者
　이 가지한 오묘한 공양구로 왼쪽에서 보좌하시는

도명존자님께 공양합니다.

이차가지묘공구 공양무독귀왕
以此加持妙供具 供養無毒鬼王

이 가지한 오묘한 공양구로 오른쪽에서 보좌하시는 무독귀왕님께 공양합니다.

불사자비수차공 시작불사도중생
不捨慈悲受此供 施作佛事度衆生

자비를 버리지 마시고 이 공양을 받으시고
불사를 펴시고 중생을 건지소서.

보공양진언 [운운]
普供養眞言

보회향진언 [운운]
普回向眞言

[이하 불전과 동일, 『지장보살본원경』(86쪽) 독송]

○ 精勤(정근, 명호를 칭하며 가피를 구함)

나모 남방화주[유명교주]대원본존
南無 南方化主 幽冥敎主 大願本尊

지장보살 지장보살 [상황 따래]
地藏菩薩 地藏菩薩

지장보살 멸정업진언
地藏菩薩 滅定業眞言

옴 바라 마니다니 스바하

○ 讚偈(찬게)

지장대성서원력 항사중생출고해
地藏大聖誓願力　恒沙衆生出苦海
십전조율지옥공 업진중생방인간
十殿照律地獄空　業盡衆生放人間

지장대성자께서 세우신 서원의 힘이여
항하강 모래처럼 많은 중생 고해에서 구해 주시네.
시왕전에서 규율에 따라 지옥을 비우시고
업이 다한 중생은 인간 세계로 놓아 주십니다.

○ 祝願(축원, 소원을 빎)

앙고(仰告, 우러러 아룁니다.) 남섬부주의 교화주시며 큰 원력의 본존이신 지장보살님이시여, 자비를 버리지 마시고 지혜 광명을 드리워 주소서. 지금까지 닦은 바다 같은 한량없는 공덕을 세 곳으로 회향하니 모두 원만하게 하소서.

사바세계 남섬부주 대한민국 ○○처 청정수월도량에서, 지극한 정성으로 오늘 ○○재를 봉행하는 ○○에 거주하는 재자 ○○가 그의 ○○, ○○영령이, 이 인연공덕으로 지장보살께서 보살피시는 오묘한 힘을 입어, 여러 겁 동안 지은 죄업이 모두 소멸되고, 저승길에 헤매지 않고 곧바로 극락세계 왕생하여 상생상품하게 하소서.

 다시 축원합니다. 염불하고 경을 외운 공덕으로 서방정토에 왕생하여, 아미타붓다님을 직접 뵙고, 붓다님께서 감로수 뿌려주심을 입어 밝은 지혜 환히 깨달아, 무생법인을 얻게 하소서.

 거듭 원합니다. 영령을 중심으로 먼저 돌아가신 스승, 부모, 여러 대의 종친, 형과 아우, 숙부, 백부, 모든 친족 등 여러 영령과 이 도량 안과 밖, 윗동네와 아랫동네, 주인이 있거나 없는 외로운 영혼, 모든 불자 등 각 영령이 이 인연공덕으로 불보살의 가피력을 입어서 모두 삼계의 고뇌를 벗어나 왕생 왕생 원왕생 극락세계에 왕생하여 상품에 상생하게 하소서.

산신각권공
山神閣勸供

○ **擧目**(거목, 신중의 위목을 칭하고 예를 올림)

나모 만덕고승 성개한적 산왕대신
南無 萬德高勝 性皆閑寂 山王大神

나모 차산국내 항주대성 산왕대신
南無 此山局內 恒住大聖 山王大神

나모 시방법계 지령지성 산왕대신
南無 十方法界 至靈至誠 山王大神

변식진언 [운운]
變食眞言

출생공양진언 · 정식진언 [운운]
出生供養眞言　淨食眞言

상래 가지기필 공양장진
上來 加持旣畢 供養將陳

[香] 연향공양 불사자비 수차공양
　　 燃香供養 不捨慈悲 受此供養
　　 향을 살라 공양하오니 자비를 버리지 마시고
　　 이 공양을 받으소서. [저두]

[燈] 연등공양 불사자비 수차공양
　　 燃燈供養 不捨慈悲 受此供養
　　 등을 밝혀 공양하오니 자비를 버리지 마시고
　　 이 공양을 받으소서. [저두]

[花] **향화공양 불사자비 수차공양**
香 花 供 養　不 捨 慈 悲　受 此 供 養

향화로 공양하오니 자비를 버리지 마시고
이 공양을 받으소서. [저두]

[果] **선과공양 불사자비 수차공양**
仙 果 供 養　不 捨 慈 悲　受 此 供 養

신선계의 과일로 공양하오니 자비를 버리지 마시고
이 공양을 받으소서. [저두]

[茶] **선다공양 불사자비 수차공양**
仙 茶 供 養　不 捨 慈 悲　受 此 供 養

신선계의 차로 공양하오니 자비를 버리지 마시고
이 공양을 받으소서. [저두]

[米] **향미공양 불사자비 수차공양**
香 米 供 養　不 捨 慈 悲　受 此 供 養

향미로 공양하오니 자비를 버리지 마시고
이 공양을 받으소서. [저두]

○ 加持供養(가지공양, 가지한 공양물을 공양 올림)

이차가지묘공구
以 此 加 持 妙 供 具

공양 성개한적 산왕대신 [절]
供 養　性 皆 閑 寂　山 王 大 神

이 가지한 오묘한 공양구로
성품이 모두 한적하신 산왕대신님께 공양합니다.

이차가지묘공구
以 此 加 持 妙 供 具

공양 항주대성 산왕대신 [절]
供養 恒住大聖 山王大神

이 가지한 오묘한 공양구로

항상 성인의 자리에 머물러 계시는 산왕대신님께 공양합니다.

이차가지묘공구
以此加持妙供具

공양 지령지성 산왕대신 [절]
供養 至靈至誠 山王大神

이 가지한 오묘한 공양구로

지극히 영통하고 지극한 정성의

산왕대신님께 공양합니다.

불사자비수차공 시작불사도중생
不捨慈悲受此供 施作佛事度衆生

자비를 버리지 마시고 이 공양을 받으시고

불사를 펴시고 중생을 건지소서.

보공양진언 [운운]
普供養眞言

보회향진언 [운운]
普回向眞言

[이하 불전과 동일하게 진행, 산왕경 독송]

산왕경 (山王經)

대산소산산왕대신 (大山小山山王大神) 대악소악산왕대신 (大岳小岳山王大神)
대각소각산왕대신 (大覺小覺山王大神) 대축소축산왕대신 (大丑小丑山王大神)
미산재처산왕대신 (尾山在處山王大神) 이십육정산왕대신 (二十六丁山王大神)
외악명산산왕대신 (外岳明山山王大神) 사해피발산왕대신 (四海被髮山王大神)
명당토산산왕대신 (明堂土山山王大神) 금궤대덕산왕대신 (金匱大德山王大神)
청룡백호산왕대신 (青龍白虎山王大神) 현무주작산왕대신 (玄武朱雀山王大神)
동서남북산왕대신 (東西南北山王大神) 원산근산산왕대신 (遠山近山山王大神)
상방하방산왕대신 (上方下方山王大神) 흉산길산산왕대신 (凶山吉山山王大神)

○ 精勤(정근, 명호를 칭하며 가피를 구함)

나모 시방법계 지령지성 (南無 十方法界 至靈至誠)
　　　산왕대신 (山王大神) [상황 따라]

○ 讚偈(찬게)

영산석일여래촉 위진강산도중생 (靈山昔日如來囑 位鎭江山度眾生)

만리백운청장리 운거학가임한정
萬里白雲靑嶂裏 雲車鶴駕任閑情

오래 전 영산에서 여래의 부탁으로
강산에 자리해 계시며 중생을 제도하시네.
저 멀리 흰 구름과 푸른 산 속에서
구름 수레와 학을 타고 유유자적하십니다.

○祝願(축원, 소원을 빎)

앙고(仰告, 우러러 아룁니다.) 모든 산왕대신이시여, 연민의 지극한 마음을 드리우사, 각각 신통력을 놓으소서. 지금까지 닦은 공덕을 세 곳으로 회향하니 모두 원만하게 하소서.

사바세계 남섬부주 대한민국 ○○처 청정수월도량에서, 오늘 지극한 정성으로 공양하며 발원하는 재자 ○○처 거주 ○○인 보체가 이 인연공덕으로 매일매일 여러 가지 상서로운 경사 있고, 어느 때나 일체 재앙 없어지고, 사대가 건강하고 육근이 청정하여 자손은 창성하고 부귀영화 누리며 편안하고 태평하며 수명이 길어지고 마음속에 구하는 모든 소원이 뜻대로 원만하게 이루게 하소서.

그런 뒤에, 일체 유정들이 삼업이 청정해지고 붓다님 가르침 받들어 지니며, 산왕대성존님께 절하고, 함께 길상을 보호하게 하소서.

소청 권공과 봉안 권공

사단법인 세화불학원의 『불학의범』은 이치와 현실을 감안하여 전통 의례 방식과 경론을 참조하여 수정하거나 새로 축조한 의범이다.
『불학의범』은 불전에 봉안해서 모신 성현께 공양을 올리는 형식으로 구성되었다. 청사 등으로 청하여 자리에 모시고 인사드리고 공양을 올리는 공양 법식은 수륙재 등 야외에 별도의 단을 시설하고 청하여 공양을 올리는 의식이라고 할 수 있다.

○옴감 정근 축원 법식

  사단법인 세화불학원에서 권장하는 정근 후 축원 법식은 대략 다음과 같다.

"나모붓다야"
십념을 하고 축원하거나 그 전에
"옴, 공경하는 마음으로 고통받는 중생이 지혜로 안락하고 정토에 들게 하는 우리들의 스승이신 붓다님께 귀명합니다."
하고
"나모붓다야/석가모니불/관세음보살/지장보살/약사여래/아미타불"
등 자신이 수행하는 불호를 ([사]세화불학원에서는 "나모붓다야"를 칭명) 십념 이상 염불한 다음,
"붓다님께 아뢰옵니다. 가족은 건강하고, 학문/사업/직무는 이뤄지며/성취하며, 친지들은 행복하고, 이웃들은 안락하며 구경에는 해탈하여지이다. 감"
하는 식으로 축원하고 마친다.

시식의
施食儀

통용진전식 (通用進奠式)

[전(奠)은 제사를 올리는 제수(祭需)라는 뜻이다. 칠칠재나 기일제사 등에 활용하며, 시식을 함께 봉행할 때는 고혼을 위한 시식 의식인 〈헌식규〉나 관음시식을 원용한다. 제사를 지낸 위패를 문밖 혹은 영혼소(迎魂所)에서 대기하고 있다가 청혼이 끝나면 영단으로 모셔 들인다.]

● 道場結界(도장결계)

[도량엄정편을 활용해 합송 쇄수, 요령·목탁]

● 거불(擧佛, 요령·목탁)

나모아미타불 [절]
南無阿彌陀佛
나모관세음보살 [절]
南無觀世音菩薩
나모대세지보살 [절]
南無大勢至菩薩

보소청진언 (널리 청하는 진언)
普召請眞言
나모 보보데리 가리다리 다타아다야

●唱魂(창혼, 법주 요령 3번 내리고 잠시 뒤 합장 부름)

금차 사바세계 차사천하 남섬부주
今此 娑婆世界 此四天下 南贍部洲

해동 대한민국 ○거주 행효자 ○복
海東 大韓民國   居住 行孝子   伏

위 ○혼령 ○년기일제사 예어○도량
爲 魂靈   年忌日祭祠 詣於 道場

지극정성 건성향단 행효자 ○○ 소
至極精誠 虔誠香壇 行孝子   所

청 ○○영령 [요령 내림]
請   英靈

[再說] 금차 지극지정성 생전효행 사후
       今此 至極之精誠 生前孝行 死後

○년기일 설향단전 봉청재자 ○○거
 年忌日 設香壇前 奉請齋者   居

주 행효자 ○○복위제사 소청 ○○영
住 行孝子   伏爲祭祠 所請   英

령 [요령 내림]
靈

사바세계 차사천하 남섬부주 대한민국 모처 거주 효자
○○○불자는 ○○님의 기일을 위해 ○○도량에 와서
지극한 정성으로 향단을 개설하였습니다. '○○불자의
○○영령이여',

(삼설) 금차 영령위주 상서 선망부모 다
       今此 英靈爲主 上逝 先亡父母 多

생사장 원근친족등 각열위 열명영
生師長 遠近親族等 各列位 列名英

령 [요령 내림]
靈

오늘 청하는 영령이 주체가 되어 지난 세상에 먼저 돌아가신 부모, 다생의 스승님, 가깝고 먼 친척 등 여러 영령이시여.

● **請魂**(청혼, 혼령을 청함, 합장)

[모령] 소연공적 담이충허
某靈 蕭然空寂 湛爾冲虛

원문금탁지청음 속부운소지난야
遠聞金鐸之淸音 速赴雲霄之蘭若

섭심안좌 수아법식 돈오무생
攝心安座 受我法食 頓悟無生

(아무 영령이여) 그윽하고 텅 비었으니 멀리서나마 금탁의 맑은 소리를 듣고 속히 하늘같이 높은 난야(蘭若: 절)에 이르소서. 그리하여 마음을 가다듬고 자리에 편히 앉아 저의 이 법의 음식 받고 단박에 무생을 깨치십시오.

[위패를 모시고 와서 정면에 서면 인례 위패 받아 영단 안치]

수위안좌진언 (위패를 받아 자리에 안치하는 진언, 요령)
受位安座眞言

옴 마니 군다리 훔 훔 스바하 [삼편]

[모령] 수지향설로중 주변법계 이방
某靈 數枝香爇爐中 周徧法界 而方

영십허 일점등도단상 광통육도 이
盈十虛 一點燈挑壇上 光通六道 而

조파혼구 유차일상지진수 내시삼덕
照破昏衢 唯此一床之珍羞 乃是三德

지묘용 논기체즉 체변하사 어기상
之妙用 論其體則 體偏河沙 語其相

즉 상주법계 시고문이불견 상면기
則 相周法界 是故聞而不見 尚免飢

허위고 견이불식 유득선열지락 이
虛爲苦 見而不食 猶得禪悅之樂 而

황고제시저 친상법미자야
況高提匙筯 親嘗法味者也

(아무 영령이여), 향로 속에 몇 개비 향을 사르니 향냄새 온 법계에 두루 퍼져서 시방의 하늘에 가득하고, 단 위에 한 점의 등불을 돋우니 그 불빛 여섯 갈래 세계에 사무쳐서 어두운 거리를 비추어 어두움을 깨뜨립니다. 오직 이 한 상의 맛좋은 음식은 바로 세 가지 덕의 미묘한 작용이니 그 본체를 논하면 그 본체가 항하강 모래알처럼 두루 퍼져 있고, 그 모습을 말하면 그 모습은 법계에 두루 퍼져 있습니다. 그런 까닭에 듣기만 하고 보지 않아도 오히려 배고픈 괴로움을 면할 수 있고, 보기만 하고 먹지 않아도 오히려 선열(禪悅)의 즐거움을 얻습니다. 그런데 더구나 수저를 높이 들고 직접 법의 맛을 맛보는 것이겠습니까?

[모령] 신지소연 부흠사전
某靈 神智昭然 俯歆斯奠

(아무 영령이여), 신비한 지혜는 밝고 밝으니,
부디 이 음식을 흠향(歆饗)하소서.

● 進飯(진반, 음식을 올림, 요령·합장)

[요령 목탁 함께 내림, 법주 요령 3하 후 합장하고 낭독]

상래 소청 조상영령 위에서 청한 조상님이시여,
上來 召請 祖上英靈

[香] 설오분지진향 훈발대지
爇五分之眞香 熏發大智

다섯 가지 진리의 향을 사르오니, 큰 깨달음 얻으소서.

[燈] 연반야지명등 조파혼구
燃般若之明燈 照破昏衢

반야의 밝은 등을 밝히니, 명도의 어두운 길 밝히소서.

[茶] 헌조주지청다 돈식갈정
獻趙州之淸茶 頓息渴情

조주 스님 맑은 차를 올리니, 단박에 목마름을 면하소서.

[果] 헌선도지진품 상조일미
獻仙都之眞品 常助一味

신세계의 진품 과일을 올리니, 항상 한 맛을 도우소서.

[食] 진향적지진수 영절기허
進香積之珍羞 永絶飢虛

향적세계 진수 밥을 올리니, 영원히 배고픔을 면하소서.

금일 조상 영령 (법주 요령 내림)
今日 祖上 英靈

어차물물 종종진수
於此物物 種種珍羞

부종천강 비종지용
不從天降 非從地聳

단종자손지일편 성심유출
但從子孫之一片 誠心流出

나열영전 복유상향 (요령 내림)
羅列靈前 伏惟尚饗

조상님이시여, 이곳에 차린 갖가지 진수는 하늘에서 그냥 떨어진 것도 또한 땅에서 대충 솟은 것도 아니라 오로지 후손들의 한결같은 정성스런 마음에서 마련한 것입니다. 혼령님 앞에 나열하였으니 흠향하소서.

보공양진언 (널리 공양하게 하는 진언)
普供養眞言

옴 아아나 삼바바 바아라 혹 [삼편]

[자손들은 영전에 삼배를 올리고 조상님들이 배불리 드시는 것을 생각한다.]

○ **讚飯偈**(찬반게, 다 같이 요령 · 목탁)

수아차법식 하이아난찬
受我此法食 何異阿難饌

기장함포만 업화돈청량
飢腸咸飽滿 業火頓清凉

돈사탐진치 상귀불법승
頓捨貪瞋癡 常歸佛法僧
염념보리심 처처안락국
念念菩提心 處處安樂國

우리들의 법다운 공양을 받으시니,
아난의 공양과 다름없으리니,
시장한 이는 드시니 배부르고
업의 불길 모두 꺼져 시원해지며
탐진치 모진 독을 몰록 버리고
어느 때나 삼보님께 귀의케 되니
언제나 보리심 내면, 있는 곳이 안락국이네.

● 念誦(염송, 나모아미타불 정근 금강경 · 아미타경 등)

보회향진언 (널리 회향하는 진언)
普回向眞言
옴 사마라 사마라 미마나 사라마하 자가라바 훔」 [삼편]

● 奉送(봉송)

[인례가 위패를 내려 주며 제주는 그것을 받아 반야심경 염송하며 소송하는 곳으로 이동]

[제사 후 무주고혼을 위해 헌식대에서 헌식규 봉행]

관음시식
觀音施食

[불보살님의 위력에 의지하고 관음보살의 변식진언에 의지하여 당해 영령과 족성[집안] 영령에게 공양을 베풀고 영령들을 극락세계로 인도하는 의식]

● **擧佛**(거불, 스님, 목탁, 불보살님을 청하여 모심)

나모 원통교주 관세음보살 [절]
南無 圓通敎主 觀世音菩薩

나모 도량교주 관세음보살 [절]
南無 道場敎主 觀世音菩薩

나모 원통회상 불보살 [절]
南無 圓通會上 佛菩薩

○ **唱魂**(창혼, 초청 영령을 부르는 의식)

[법사, 요령 3下 후 합장]

거 사바세계 차사천하 남섬부주 대
據 娑婆世界 此四天下 南贍部洲 大

한민국 모처 거주 모일지신 추천 재
韓民國 某處 居住 某日之辰 追薦 齋

자 모인지 소천 모령 [요령]
者 某人之 所薦 某靈

모령위주 상세선망부모 다생사장
某靈爲主 上世先亡父母 多生師長

누대종친 제형숙백 자매질손 원근
累代宗親 弟兄叔伯 姉妹姪孫 遠近
친척 일체 열위영령
親戚 一切 列位英靈

사바세계 차사천하 남섬부주 대한민국 모처 거주 추천재자 모인이 천신하려는 모인 영령이여, [요령]
모령을 중심으로 상세선망부모 다생사장 누대종친 제형숙백 자매질손 원근친척 일체 자리에 계신 영령이여,

[의례법사, 요령 3하 후 합장]

○著語(착어, 법어를 지어 들려줌)

영원담적 무고무금 묘체원명 하생
靈源湛寂 無古無今 妙體圓明 何生
하사 변시 석가세존 마갈엄관지시
何死 便是 釋迦世尊 摩竭掩關之時
절 달마대사 소림면벽지가풍 소이
節 達磨大師 少林面壁之家風 所以
니련하측 곽시쌍부 총령도중 수휴
泥蓮河側 槨示雙趺 蔥嶺途中 手攜
척리 제불자 환회득 담적원명저 일
隻履 諸佛子 還會得 湛寂圓明底 一
구마
句麽

신령한 영령의 근원은 맑고 고요해 옛날도 지금도 다시없으며 신묘한 진리는 뚜렷이 밝아서 나고 죽음 어

디에도 있을까 보냐. 이 도리는 석가세존 마가다국에서 묵묵부동 앉아 계신 참 도리이며 달마대사 소림에서 면벽하신 소식이로세. 이 때문에 석가세존 니련 강변에서 관 밖으로 양쪽 발을 내보이셨고, 달마대사 총령고개 넘으시며 짚신 한 짝 들고 가셨네.

영령이시여, 청정하고 고요하며 또렷이 밝은 말을 떠난 이 소식을 아시겠습니까.

[良久, 요령 3下 후, 잠깐 쉬었다가, 법사 합장]

부앙은현현 시청명역력 약야회득
俯仰隱玄玄 視聽明歷歷 若也會得
돈증법신 영멸기허 기혹미연 승불
頓證法身 永滅飢虛 其或未然 承佛
신력 장법가지 부차향단 수아묘공
神力 仗法加持 赴此香壇 受我妙供
증오무생
證悟無生

굽어보나 우러르나 숨은 뜻은 끝이 없는데 보거나 듣거나 그 진리는 분명하구나. 이 도리를 깨달으면 단박에 법신을 증득하여서 길이길이 굶주림을 벗을 것이나 만일에 그렇지 못하다면 붓다님의 신비한 힘 받들고 붓다님과 법의 가피력에 의지하여 이 향단에 강림하사 공양을 받으시고 무생법인 큰 깨달음 증득하소서.

● 振鈴偈(진령게, 요령 소리로 청하는 게송, 요령·목탁)

이차진령신소청 금일영령보문지
以此振鈴伸召請 今日英靈普聞知
원승삼보력가지 금일금시래부회
願承三寶力加持 今日今時來赴會

요령 울려 두루 청하오니 (법주)
오늘 부른 영령들은 듣고 아시고 (바라지)
삼보님의 가피력에 의지하여서 (법주)
오늘의 이 법회에 어서 오소서. (바라지)

[법사, 요령]

상래 소청 제불자등 각열위영령
上來 召請 諸佛子等 各列位英靈

이상으로 소청한 금일 모인 영령과
그리고 겸하여 청한 여러 영령이여.

○ 표백(表白: 천수주의 공덕을 찬탄함, 다 같이, 요령·목탁)

자광조처연화출 혜안관시지옥공
慈光照處蓮花出 慧眼觀時地獄空
우황대비신주력 중생성불찰나중
又況大悲神呪力 衆生成佛刹那中

자비광명 비추는 곳 연꽃이 피고
지혜눈길 이르는 곳 지옥이 비네.
더군다나 대비신주 의지한다면
중생들이 성불함은 잠깐 사이리.

천수일편위영령 지심체청 지심체수
千手一片爲英靈 至心諦聽 至心諦受

영령 위해 천수 한 편 풍송하나니
지극한 마음으로 듣고 받으십시오.

[다 같이, 요령·목탁]

신묘장구대다라니 [云云]
神妙章句大陀羅尼

[다 같이, 요령·목탁]

○ 破地獄偈呪(파지옥게주, 지옥을 깨는 게송과 진언)

약인욕요지 삼세일체불
若人欲了知 三世一切佛
응관법계성 일체유심조
應觀法界性 一切唯心造

삼세 붓다님들 가르침 알려 하면
일체는 마음이 지었다고 관하라.

옴 가라디야 스바하 [삼편]

해원결진언 (원수 맺힘을 푸는 진언)
解寃結眞言
옴 삼다라 가다 스바하 [삼편]

보소청진언 (널리 청하는 진언)
普召請眞言

나모 보보데리 가리다리 다타아다야

○ 當求加被 (당구가피, 삼보의 가지를 구함)

나모상주시방불
南無常住十方佛

나모상주시방법
南無常住十方法

나모상주시방승 [삼편]
南無常住十方僧

나모대자대비구고 관세음보살 [삼편]
南無大慈大悲救苦 觀世音菩薩

나모대방광불화엄경 [삼편]
南無大方廣佛華嚴經

● 英靈請 (영영청, 두 예문 중 한 예문만 택일)

일심봉청	실상이명	법신무적	종연
一心奉請	實相離名	法神無跡	從緣

은현	약경상지	유무	수업승침	여정
隱現	若鏡像之	有無	隨業昇沈	如井

륜지고하	묘변막측	환래하난	금차
輪之高下	妙變莫測	喚來何難	今此

지의성심	위천재자	모인지	모영령
至意誠心	爲薦齋者	某人之	某英靈

원승불위광	내예향단	수첨법공	[재청]
願承佛威光	來詣香壇	受霑法供	

실상은 모든 이름 여의었으며 법신은 온갖 자취 없는 가운데 인연 따라 나타내기도 숨기도 함이 거울 속에 비춰진 형상 같으며, 업을 따라 육도를 오르내림이 두레박줄 오르내림과 같이 그 변화 측량하기 어려우나, 어찌 다 강림함이 어려우리오. 금일 지극한 뜻과 정성스러운 마음으로 추천 재자의 ○○영령을 일심으로 받들어 청하오니, 불보살님의 위신력으로 이 향단에 강림하여 위없는 법공양을 흠향하소서.

생종하처래 사향하처거 생야일편부
生從何處來 死向何處去 生也一片浮
운기 사야일편부운멸 부운자체본무
雲起 死也一片浮雲滅 浮雲自體本無
실 생사거래역여연 독유일물상독로
實 生死去來亦如然 獨有一物常獨露
담연불수어생사
湛然不隨於生死

금차 지의성심 설향단전 봉청재자
今此 至意誠心 設向壇前 奉請齋者
모인지 모모족성영령 원승불위광
某人之 某某族姓英靈 願承佛威光
내예향단 수첨향공
來詣香壇 受霑香供

이 세상에 오실 때는 어느 곳에서 오셨으며 이 세상을 이미 하직하셨으니 가신 곳은 그 어느 곳입니까? 태어남은 한 조각의 구름이 일어남이요, 죽음은 한 조각의 구름이 사라짐이라 뜬 구름 그 자체가 실없고 덧없나니 나고 죽는 인생사가 뜬구름과 같구나. 영령의 본래 면목 불성은 모든 것이 흩어져도 오로지 홀로 남아 생과 사에 걸림 없는 한 물건입니다. 금일 ○○등은 지성으로 향단을 마련하고 ○○영령님을 지성으로 받들어 청하오니 붓다님의 위력을 입어 향단에 오셔서 법공양을 받으십시오.

향연청 香煙請 [삼편, 법사, 목탁]

'향을 올려 청하옵니다.'

○ 歌詠(가영, 노래로 맞아들임, 법사, 목탁)

망령한진치신망 석화광음몽일장
亡靈限盡致身亡　石火光陰夢一場
삼혼묘묘귀하처 칠백망망거원향
三魂杳杳歸何處　七魄茫茫去遠鄉

망령은 명이 다해 떠나셨으니
번개 같은 세월도 한마당의 꿈
삼혼은 아득하니 간 곳이 어디며,
칠백은 망망하니 고향 가셨소. [요령]

○ 受位安座偈呪(수위안좌게주, 합장, 게주 법사 요령)

상래 소청 영령등 각열위 영령
上來　召請　英靈等　各列位　英靈

위로부터 청하는 영령이시여,

관음시식

상래 승불섭수 장법가지
上來 承佛攝受 仗法加持

기무수계이임연 원획소요이취좌
旣無囚繫以臨筵 願獲逍遙而就座

이 자리에 오신 여러 영령이시여,
붓다님의 보살피심을 받아
비밀신주를 들으시고 얽어매는 인연 끊고
걸림 없는 자유로운 몸이 되었으니
편안한 자리 이 법연에 임하소서.

[하유안좌지게 대중수언후화]
下有安座之偈 大衆隨言後和

[아래 안좌게주를 대중은 말을 따라 화음으로 염송하십시오.]

[다 같이, 목탁, 진언: 법사 요령] (위패를 받아 영단에 안치)

아금의교설화연 종종진수열좌전
我今依敎設華筵 種種珍羞列座前

대소의위차례좌 전심제청연금언
大小依位次第坐 專心諦聽演金言

제가 이제 법에 따라 연화대를 설치하고
자리마다 갖가지 진수를 차렸으니
위아래 차례대로 자리에 앉으시고
일심으로 설하는 가르침을 들으소서.

옴 마니 군다니 훔 훔 스바하 [삼편]

○ 茶偈(다게, 차를 올리는 게송, 목탁)

[이때 영단에 나아가 차와 공양을 올리고 절한다.]

백초임중일미신 조주상권기천인
百草林中一味新 趙州常勸幾千人
팽장석정강심수 원사영령헐고륜
烹將石鼎江心水 願使英靈歇苦輪

온갖 풀 중 한결같은 신선한 차 맛
조주 스님 몇천 사람 권하였던가?
돌솥에다 맑은 물을 다려 드리니
영령께서 윤회 고통 쉬게 하소서.

헌식소
獻食疏

오늘 청하여 모신 모든 영령이여, 이미 불보살님의 법식에 따라 관욕의 공덕 마치시고 불·법·승 삼보님을 친견하였으니, 다시 정성 어린 제사를 받으시고 법희선열로 굶주림을 면하소서. 한 생각 미혹하지 마시고 편안한 마음으로 연화좌에 앉으셔서 제자가 지극한 정성으로 올린 공양을 받으소서.

영령이여, 향은 자신을 태워 세상의 악취를 소멸합니다. 법의 향기 가득한 향공양을 받으시고 여러 생에 무던히 살생하고 미워하는 등의 모든 악업을 여의고 다겁생래 덮어두었던 자성의 참모습을 발견해 깨치소서.

영령이여, 촛불은 자신을 태워 세상의 어두움을 밝힙니다. 법의 광명 빛나는 등공양을 받으시고 부질없는 허영심과 탐욕의 어두운 마음을 훤히 밝혀 시방의 법계를 자비광명으로 꿰뚫어 보소서.

영령이여, 맑은 차는 자신을 바쳐 중생의 갈증을 풀어줍니다. 법의 진미 흘러넘치는 차 공양을 받으시고 덧없는 애욕의 갈증을 풀어 다겁생래 윤회의 고통에 시달린 갈증을 벗어나소서.

영령이여, 꽃과 과일은 자신을 바쳐 세

상에 아름다움과 기쁨을 줍니다. 법의 환희 가득한 꽃과 과일 공양을 받으시고 이기심에 찌든 편협한 마음 넉넉하게 하시며 반드시 불과를 이룰 수 있는 거룩한 인연법을 깨치소서.

　영령이여, 진지공양을 흠향하시고 시장함을 영원히 떠나 법희선열로써 배부르소서. 법다운 공양을 받으신 유주무주 여러 혼령이여, 생사윤회의 고통에서 하루빨리 벗어나소서. 이 공양은 하늘에서 내린 것도 땅속에서 솟은 것도 아닙니다. 오직 혼령께서 사랑하시는 제자들의 지극정성으로 올리오니 흡족히 흠향하소서. 이제 신비한 주문 외우니 몸과 마음 편안해지고 업력의 불길 청량하리니 한마음 한뜻으로 합장하여 제각기 해탈의 세계를 구하소서.

○ 宣密偈(선밀게, 요령·목탁)

선밀가지 신전윤택
宣密加持 身田潤澤
업화청량 각구해탈
業火淸凉 各求解脫

가지를 베푸오니 몸과 마음 윤택해지고
업의 불길 청량해져 해탈을 구하소서.

[요령·목탁]

변식진언 (음식이 한량없이 많아지고 변하게 하는 진언)
變食眞言
나막 살바 다타아다 바로기데
「옴 삼바라 삼바라 훔」 [칠편]

시감로수진언 (감로수가 베풀어지는 진언)
施甘露水眞言
나모 소로바야 다타아다야 다냐타
「옴 소로소로 바라소로 바라소로
스바하」 [삼편]

일자수륜관진언 (수륜을 관하는 일자 진언)
一字水輪觀眞言
옴 밤 밤 밤 밤 [칠편]

유해진언 (바다처럼 젖이 많아져 공양되는 진언)
乳海眞言

나모 사만다 못다남 「옴 밤」 [삼편]

○ **稱揚聖號**(칭양성호, 요령·목탁)

나모다보여래
南無多寶如來

원제영령 파제간탐 법재구족
願諸英靈 破除慳貪 法財具足

나모다보여래(삼칭), 영령들이 허망한 탐욕심을 버리고 진리의 공덕이 갖춰지게 하소서.

나모묘색신여래
南無妙色身如來

원제영령 이추루형 상호원만
願諸英靈 離醜陋形 相好圓滿

나모묘색신여래(삼칭), 영령들이 늙고 병들어 못생긴 모습을 벗고 원만한 상호 이루게 하소서.

나모광박신여래
南無廣博身如來

원제영령 사육범신 오허공신
願諸英靈 捨六凡身 悟虛空身

나모광박신여래(삼칭), 영령들이 윤회하는 범부중생의 몸을 버리고 걸림 없는 불멸의 법신을 이루게 하소서.

나모이포외여래
南無離怖畏如來

원제영령 이제포외 득열반락
願諸英靈 離諸怖畏 得涅槃樂

나모이포외여래(삼칭), 영령들이 온갖 두려움에 벗어나 위없는 열반의 즐거움을 누리게 하소서.

나모감로왕여래
南無甘露王如來

원아각각 열명영령
願我各各 列名英靈

인후개통 획감로미
咽喉開通 獲甘露味

나모감로왕여래(삼칭), 영령들이 목마르고 허기진 고통 없는 감로의 묘한 공양 맛보게 하소서.

○ 施食偈(시식게, 음식을 베푸는 게송)

원차가지식 보변만시방
願此加持食 普遍滿十方

식자제기갈 득생안양국
食者除飢渴 得生安養國

이 가지 공양이 시방세계 두루 하여서
드신 이는 주림과 목마름 덜고 극락세계 태어나소서.

[다 같이, 요령·목탁]

시귀식진언 (귀신에게 음식을 베푸는 진언)
施鬼食眞言

옴 미기 미기 야야 미기 스바하 [삼편]

시무차법식진언 (차별 없이 베푸는 진언)
施無遮法食眞言

옴 목역능 스바하 [삼편]

보공양진언 (널리 공양하게 하는 진언)
普供養眞言

옴 아아나 삼바바 바아라 혹 [삼편]

발보리심진언 (보리심을 내는 진언)
發菩提心眞言

옴 모디짓다 못다 바나야믹 [삼편]

보회향진언 (널리 회향하는 진언)
普回向眞言

옴 사마라 사마라 미마나 사라마하 자가라바 훔 [삼편]

○ **讚飯偈**(찬반게, 다 같이 요령·목탁)

수아차법식 하이아난찬
受我此法食　何異阿難饌

기장함포만 업화돈청량
飢腸咸飽滿 業火頓淸凉
돈사탐진치 상귀불법승
頓捨貪瞋癡 常歸佛法僧
염념보리심 처처안락국
念念菩提心 處處安樂國

지금 받은 법공양은 아난 찬과 다르지 않고
주린 배는 배부르고 업의 불길 꺼지리다.
탐진치를 떨쳐내고 불법승에 의지하여
보리심을 잊잖으면 모든 곳이 극락이리.

● 如來十號(여래십호, 붓다의 열 가지 명호 칭명: 法施)

[다 같이, 요령 · 목탁]

여래 응공 정변지 명행족 선서
如來 應供 正遍知 明行足 善逝
세간해 무상사 조어장부 천인사
世間解 無上士 調御丈夫 天人師
불 세존
佛 世尊

○ 般若偈(반야게, 깨달음의 게송, 다 같이 요령 · 목탁)

범소유상 개시허망
凡所有相 皆是虛妄
약견제상비상 즉견여래
若見諸相非相 卽見如來

무릇 형상 있는 모든 것은 허망하니,

모든 형상이 형상 아님을 보면 바로 여래를 보리라.

○ **法華偈**(법화게, 다 같이 요령·목탁)

제법종본래 상자적멸상
諸法從本來　常自寂滅相
불자행도이 내세득작불
佛子行道己　來世得作佛

모든 것은 끊임없이 변함이니
순간순간 생겨나서 사라지는 모습일세.
생기고 사라짐도 다하여 없어지면
그 자리가 다름 아닌 분명한 극락일세.

○ **無常偈**(무상게)

제행무상 시생멸법
諸行無常　是生滅法
생멸멸이 적멸위락
生滅滅己　寂滅爲樂

항상 함이 없는 마음은 늘 생멸하니
(마음) 냄도 꺼짐도 끝내면 곧 열반이리라

● **請引路篇**(인로왕아미타불을 청하는 편, 요령·목탁)

원아진생무별념 아미타불독상수
願我盡生無別念　阿彌陀佛獨相隨

내 목숨 다하도록 다른 생각 아예 없고
애오라지 아미타불 따르기가 소원이니

심심상계옥호광 염념불리금색상
心心常係玉毫光　念念不離金色相

마음에는 옥호광명 한결같이 잊지 말고
붓다님의 금빛모습 간절하게 생각하여

아집염주법계관 허공위승무불관
我執念珠法界觀　虛空爲繩無不貫

제가 염주 손에 잡고 시방법계 두루 관해
허공으로 줄 만들어 남김없이 꿰었으니

평등사나무하처 관구서방아미타
平等舍那無何處　觀求西方阿彌陀

노사나불 평등광명 안가는 곳 어디이랴
서방정토 아미타불 바로 관해 구합니다.

나모서방대교주 무량수여래불
南無西方大敎主　無量壽如來佛

나모아미타불 [십념]
南無阿彌陀佛

극락세계십종장엄 (극락세계의 열 가지 장엄)
極樂世界十種莊嚴

법장서원수인장엄
法藏誓願修因莊嚴

사십팔원원력장엄
四十八願願力莊嚴

법장비구 원을 세워 인행 닦아 장엄하고
마흔여덟 거룩하신 원력으로 장엄하고

미타명호수광장엄
彌陀名號壽光莊嚴
삼대사관보상장엄
三大士觀寶像莊嚴

아미타불 이름으로 복과 지혜 장엄하고
세 분 스승 큰 성인의 보배상호 장엄하고

미타국토안락장엄
彌陀國土安樂莊嚴
보하청정덕수장엄
寶河淸淨德水莊嚴

아미타불 극락국토 안락함이 장엄하고
맑고 맑은 보배강물 공덕수로 장엄하고

보전여의누각장엄
寶殿如意樓閣莊嚴
주야장원시분장엄
晝夜長遠時分莊嚴

여의주의 보배들로 누각궁전 장엄하고
낮과 밤이 길고 길어 시간세계 장엄하고

이십사락정토장엄
二十四樂淨土莊嚴
삼십종익공덕장엄
三十種益功德莊嚴

이십사 종 즐거움이 정토 가득 장엄하고
서른 가지 이익되는 공덕장엄 이루었네.

미타인행 사십팔원
彌陀因行 四十八願

제불보살 십종대은
諸佛菩薩 十種大恩

보현보살 십종대원
普賢菩薩 十種大願

석가여래 팔상성도
釋迦如來 八相成道

다생부모 십종대은
多生父母 十種大恩

오종대은 명심불망
五種大恩 銘心不忘

고성염불 십종공덕
高聲念佛 十種功德

○ 讚佛十首 (찬불십수)

청산첩첩미타굴 창해망망적멸궁
青山疊疊彌陀窟 滄海茫茫寂滅宮

첩첩 싸인 푸른 산은 아미타불 전당이요

망망대해 푸른 바다 붓다님의 적멸보궁

물물염래무가애 기간송정학두홍
物物拈來無罣碍 幾看松頂鶴頭紅

두두 물물 일체 것에 걸림 없다면

푸른 솔 위 홍학머리 보게 되리라

극락당전만월용 옥호금색조허공
極樂堂前滿月容 玉毫金色照虛空

극락세계 아미타불 만월 같은 모습으로

백호금빛 찬란한 몸 온 우주를 비추나니

약인일념칭명호 경각원성무량공
若人一念稱名號 頃刻圓成無量功

누구든지 일념으로 그 이름을 칭명하면
잠깐 사이 깨달아서 무량 공덕 이루리라

삼계유여급정륜 백천만겁역미진
三界猶如汲井輪 百千萬劫歷微塵

삼계고해 윤회하기 두레박이 돌듯하여
백천만겁 지나도록 끝이 없이 돌고 도네

차신불향금생도 갱대하생도차신
此身不向今生度 更待何生度此身

이생에서 이 몸으로 제도하지 못한다면
어느 생을 기다려서 이 몸 제도 하려는가

천상천하무여불 시방세계역무비
天上天下無如佛 十方世界亦無比

하늘 위나 하늘 아래 붓다 같은 이 없으며
시방세계 어느 뉘라 비교할 자 있으리오.

세간소유아진견 일체무유여불자
世間所有我盡見 一切無有如佛者

온 세상을 두루두루 남김없이 살펴봐도
우리 붓다 세존만큼 거룩한 이 없으시네.

찰진심념가수지 대해중수가음진
刹塵心念可數知 大海中水可飮盡

티끌수와 마음속을 남김없이 헤아리고
큰 바다의 모든 물을 남김없이 다 마시며

허공가량풍가계 무능진설불공덕
虛空可量風可繫　無能盡說佛功德

저 허공을 가늠하고 부는 바람 엮는데도
붓다의 무량 공덕 다 말할 수 없사오리.

가사정대경진겁 신위상좌변삼천
假使頂戴經塵劫　身爲牀座徧三千

설령 경을 높이 이고 티끌 수의 겁을 돌고
이 몸으로 법상 지어 대천세계 두루 해도

약불전법도중생 필경무능보은자
若不傳法度衆生　畢竟無能報恩者

붓다의 법 안 전하고 중생제도 아니하면
어떻게도 붓다 은혜 갚을 길이 없게 되네.

아차보현수승행 무변승복개회향
我此普賢殊勝行　無邊勝福皆回向

제가 이제 넓고 넓은 거룩하신 행원으로
가없고 끝없는 드높은 복 회향하고

보원침익제중생 속왕무량광불찰
普願沈溺諸衆生　速往無量光佛刹

고통에든 모든 중생 빠짐없이 구제하여
아미타불 극락세계 왕생하게 하오리다.

아미타불재하방 착득심두절막망
阿彌陀佛在何方　着得心頭切莫忘

아미타불 붓다님이 어느 곳에 계시는가.
마음속에 꼭 붙들어 잊지 말고 생각하되

염도염궁무념처 육문상방자금광
念到念窮無念處 六門常放紫金光

생각 다한 무염처에 이르게 되면
눈 귀 코 혀 몸 뜻에서 자금광을 발하리라.

보화비진요망연 법신청정광무변
報化非眞了妄緣 法身淸淨廣無邊

보신 화신 참 아니니 망령된 연 끝내 알면
법신이 청정하여 광대무변 하온지라

천강유수천강월 만리무운만리천
千江有水千江月 萬里無雲萬里天

일천 강에 물 있으면 일천 강에 달이 뜨고
만 리에 구름 없어 만 리가 하늘이리.

원공법계제중생 동입미타대원해
願共法界諸衆生 同入彌陀大願海

원하건대 시방법계 모든 중생 한가지로
모두 함께 아미타불 대원해에 들어가서

진미래제도중생 자타일시성불도
盡未來際度衆生 自他一時成佛道

미래세가 다하도록 무량중생 제도하고
나와 남이 한꺼번에 불도를 이루리다.

○ 總歸命(총귀명)

나모서방정토 극락세계 삼십육만억
南無西方淨土 極樂世界 三十六萬億

일십일만 구천오백 동명동호 대자
一十一萬 九千五百 同名同號 大慈

대비 아미타불
大悲 阿彌陀佛

나모문수보살　　나모보현보살
南無文殊菩薩　　南無普賢菩薩

나모관세음보살　나모대세지보살
南無觀世音菩薩　南無大勢至菩薩

나모금강장보살　나모제장애보살
南無金剛藏菩薩　南無除障碍菩薩

나모미륵보살　　나모지장보살
南無彌勒菩薩　　南無地藏菩薩

나모일체청정대해중보살마하살
南無一切淸淨大海衆菩薩摩訶薩

원공법계제중생 동입미타대원해
願共法界諸衆生 同入彌陀大願海

법계의 모든 중생 함께 같이
아미타불 대원해로 들어가게 하옵소서.

○大慈菩薩發願偈(대자보살발원게)

시방삼세불 아미타제일
十方三世佛 阿彌陀第一

구품도중생 위덕무궁극
九品度衆生 威德無窮極

시방삼세 붓다님 중 아미타불 제일이니
구품으로 제도중생 그 위덕이 한이 없네.

아금대귀의 참회삼업죄
我今大歸依 懺悔三業罪

범유제복선 지심용회향
凡有諸福善 至心用回向

제가 이제 귀의하여 삼업 죄를 참회하고
모든 복과 선행 모아 마음 다해 회향하니

원동염불인 감응수시현
願同念佛人 感應受示現

임종서방경 분명재목전
臨終西方境 分明在目前

함께 염불하는 이는 시현의 감응을 받고
임종 때에 극락세계가 목전에 분명하며

견문개정진 동생극락국
見聞皆精進 同生極樂國

견불요생사 여불도일체
見佛了生死 如佛度一切

보고 듣고 정진하여 함께 극락에 나서
붓다 뵙고 생사 건너 붓다처럼 일체중생 건지오리.

원아임욕명종시 진제일체제장애
願我臨欲命終時 盡除一切諸障碍

내 목숨 마치는 그 순간에
일체 모든 장애 남김없이 없애고서

면견피불아미타 즉득왕생안락찰
面見彼佛阿彌陀 即得往生安樂刹

아미타불 거룩한 몸 눈앞에서 친견하고
순식간에 안락하온 극락왕생 하여지다.

원이차공덕 보급어일체
願以此功德 普及於一切
아등여중생 개공성불도
我等與衆生 皆共成佛道

○ 願往生偈(원왕생게)

원왕생 원왕생 왕생극락견미타
願往生 願往生 往生極樂見彌陀
획몽마정수기별
獲蒙摩頂受記別

극락왕생 원하옵고 극락왕생 원하오니
극락정토 태어나서 아미타불 친견하고
저의 이마 만지시며 수기 받기 원합니다.

원왕생 원왕생 원재미타회중좌
願往生 願往生 願在彌陀會中坐
수집향화상공양
手執香華常供養

극락왕생 원하옵고 극락왕생 원하오니
아미타불 극락정토 회상 중에 자리하여
언제든지 연꽃공양 올리고자 원합니다.

원왕생 원왕생 왕생화장연화계
願往生 願往生 往生華藏蓮華界
자타일시성불도
自他一時成佛道

극락왕생 원하옵고 극락왕생 원하오니
연화장의 극락세계 모두 함께 태어나서

너나없이 한꺼번에 성불하길 원합니다.

○禮聖偈(예성게, 성인께 예하는 게송)

계수서방안락찰 접인중생대도사
稽首西方安樂刹 接引衆生大導師
아금발원원왕생 유원자비애섭수
我今發願願往生 唯願慈悲哀攝受

서방정토 안락세계 중생 맞아 이끄시는
아미타불 대도사께 머리 숙여 예배하며
제가 이제 극락에 왕생하기 원하오며
자비하신 원력으로 섭수하여 주옵소서.

●奉安偈(봉안게, 위패 봉안 시 게송, 요령·목탁)

생전유형질 사후무종적
生前有形質 死後無從跡
청입법왕궁 안심좌도량
請入法王宮 安心坐道場

살아생전 형상이 죽은 후에 종적이 없으니,
법의 궁전 드시고 도량에서 안심하소서.

[위패 봉안 때는 여기서 마침, 보회향진언 가함]

●拜送偈(배송게, 영령을 전송하는 게송)

[위패를 들고 불전을 향하여 선다. 법사, 목탁]

서방안양국 원시백련지
西方安養國 元是白蓮池

금이배송혼 은근향차귀
今以拜送魂 慇懃向此歸

서방의 안양국은 백련이 핀 연못이라
이제 배송하오니 은근히 이곳에서 돌아가소서.

○ 唱魂(창혼, 요령)

모령 기수향공 이청법음
某靈 旣受香供 已聽法音

금당봉송 갱의건성 봉사삼보
今當奉送 更宜虔誠 奉謝三寶

향기로운 공양을 받고 미묘한 법문 들으셨으니
이 자리 하직함에 정성들여 삼보님께 예경하소서.

○ 普禮三寶(보례삼보, 다 같이, 목탁)

보례시방상주불 · 법 · 승 [절]
普禮十方常住佛 法 僧

○ 行步偈(행보게, 극락으로 걸음을 떼는 게송, 법사, 합장)

이행천리만허공 귀도정망도정방
移行千里滿虛空 歸途情忘到淨邦

삼업투성삼보례 성범동회법왕궁
三業投誠三寶禮 聖凡同會法王宮

허공 끝까지 닿은 천 리 길 떠나시어
가시다가 정만 잊으면 그곳이 정토입니다.
삼업을 기울여 삼보께 예배하시고
범부 · 성인 다 함께 법왕궁서 만납시다.

[다 같이, 목탁]

산화락 [삼편]
散花落

나모대성인로왕보살 [절]
南無大聖引路王菩薩

● 餞送(전송, 소대에 이르러 전송함. 법사, 요령)

[법주, 상주, 대중 순으로 법성게를 외우며 소대로 나감]

금차문외 전송 소천망 ○○영령
今此門外 餞送 所薦亡   英靈
내지족성 열위열명 영령
乃至族姓 列位列名 英靈

이제 문밖에서 전송하려는 추천 받은 영령이시어,
아울러 집안의 영령이시여.

[요령]

상래 시식풍경 염불공덕
上來 施食諷經 念佛功德
이망연야 불리망연야
離妄緣耶 不離妄緣耶
이망연즉 천당불찰 임성소요
離妄緣則 天堂佛刹 任性逍遙
불리망연즉 차청산승 말후일게
不離妄緣則 且聽山僧 末後一偈

이제까지 베푼 법요의 의식에 의지하여 마음속의 망연

을 다 여의셨습니까?
망연을 다 여의셨거든 천당이나 극락세계에
마음대로 왕생하시어 법락을 누리옵소서.
만약에 조금이라도 미진한 망령된 인연이 있으면
다음 게송을 귀 기울여 들으십시오.

○ 日月偈(일월게)

사대각리여몽중 육진심식본래공
四大各離如夢中 六塵心識本來空
욕식불조회광처 일락서산월출동
欲識佛祖回光處 日落西山月出東

사대가 흩어지니 간밤의 꿈이요
육진육식 얽힘 또한 본래 공이다.
불조께서 깨치신 경지 아시겠습니까.
서쪽으로 해가 지고 동쪽에서 달이 솟네.

○ **諷誦加持**(풍송가지, 염불하여 왕생발원. 요령·목탁)

시방삼세일체불 제존보살마하살
十方三世一切佛 諸尊菩薩摩訶薩
마하반야바라밀
摩訶般若波羅蜜

○ **願往生偈**(원왕생게)

원왕생 원왕생 왕생극락견미타
願往生 願往生 往生極樂見彌陀
획몽마정수기별
獲蒙摩頂受記別

극락왕생 원하옵고 극락왕생 원하오니
극락정토 태어나서 아미타불 친견하고
저의 이마 만지시며 수기 받기 원합니다.

원왕생 원왕생 원재미타회중좌
願往生 願往生 願在彌陀會中坐
수집향화상공양
手執香華常供養

극락왕생 원하옵고 극락왕생 원하오니
아미타불 극락정토 회상 중에 자리하여
언제든지 연꽃공양 올리고자 원합니다.

원왕생 원왕생 왕생화장연화계
願往生 願往生 往生華藏蓮華界
자타일시성불도
自他一時成佛道

극락왕생 원하옵고 극락왕생 원하오니
연화장의 극락세계 모두 함께 태어나서
너나없이 한꺼번에 성불하길 원합니다.

○ 禮聖偈(예성게, 성인께 예하는 게송)

계수서방안락찰 접인중생대도사
稽首西方安樂刹 接引衆生大導師
아금발원원왕생 유원자비애섭수
我今發願願往生 唯願慈悲哀攝受

서방정토 안락세계 중생 맞아 이끄시는
아미타불 대도사께 머리 숙여 예배하며
제가 이제 극락에 왕생하기 원하오며

자비하신 원력으로 섭수하여 주옵소서.

[다 같이, 요령·목탁]

소전진언(금·은전, 체전, 위패 등을 사르는 진언)
燒錢眞言

옴 비로기데 스바하 [수편]

봉송진언 옴 바아라 사다 목차목 [삼편]
奉送眞言

상품상생진언(붓다 세계에 태어나게 하는 진언)
上品上生眞言

옴 마리다리 훔 훔 바탁 스바하 [삼편]

○ 處世間偈(처세간게)

처세간여허공 여련화불착수
處世間如虛空 如蓮華不着水
심청청초어피 계수례무상존
心淸淸超於彼 稽首禮無上尊

 허공에 살 듯이 세상에 살아가며
 물이 젖지 않는 연꽃처럼 그러하며
 마음이 청정하여 피안에 건너가서
 위없는 불법승에 고개 숙여 예배하소서.

○ 歸依偈(귀의게)

귀의불 귀의법 귀의승
歸依佛 歸依法 歸依僧

귀의불법승 삼보이경
歸依佛法僧 三寶已竟

○ 珍重偈(진중게)

선보운정 복유진중
善步雲程 伏惟珍重

구름길에 잘 오르셔서 안녕히 가십시오.

보회향진언(널리 회향하는 진언, 다 같이, 요령·목탁)
普回向眞言

옴 사마라 사마라 미마나 사라

마하 자가라바 훔 [삼편]

○ 破散偈(파산게, 다 같이, 요령·목탁, 3설 3배)

화탕풍요천지괴 요요장재백운간
火蕩風搖天地壞 寥寥長在白雲間

일성휘파금성벽 단향불전칠보산
一聲揮破金城壁 但向佛前七寶山

불이 타고 바람 불어 천지가 무너져도

고요히 백운 사이 오래 머무네.

한소리에 금성철벽 부숴버리고

붓다 앞의 칠보산을 향하옵니다.

● 脫服式(탈복식)

[재자들은 차례로 나와 탈복의식을 한다. 시간 따라 소재 길상 다라니, 반야심경, 해탈주, 십념, 금강경찬 등을 염송.]

● 擧佛回向(거불회향, 불전을 향해, 다 같이, 요령·목탁)

나모환희장마니보적불
南無歡喜藏摩尼寶積佛

나모원만장보살마하살
南無圓滿藏菩薩摩訶薩

나모회향장보살마하살
南無回向藏菩薩摩訶薩

헌식규
獻 食 規

['변식규'라고도 하는데, 당해 혼령에 제사를 올린 후 제수를 받지 못한 무주고혼에게 음식을 나누어주는 절차이다. 하단시식 때 여러 가지 올린 전물을 조금 거두어, 나가 헌식대 앞에 이르러 가볍게 세 번 탄지를 하고 "제불자 혼령이여," 하고 창혼을 하고 시작한다.]

정법계진언 「옴 람」 [삼칠편]
淨 法 界 眞 言

[법주가 정법계진언 '옴 람'을 외우면 증명은 오른손 무명지를 펴서 '옴 람' 두 자를 공중에 그리고, '람'자 광명이 법계에 두루 하여 구릉이나 구덩이 평탄하여 걸림이 없이 (그곳에 있는 일체 유정 모두) 다 청량해진다고 생각한다.]

람자광명 변조법계 구릉갱감 개득청량
喃 字 光 明 遍 照 法 界 丘 陵 坑 坎 皆 得 淸 凉

'람'자 광명이 일체 법계 구덩이까지
두루 하여 모두 청량을 얻게 되리.

법력난사의 대비무장애
法 力 難 思 議 大 悲 無 障 碍

법력은 생각하기 어렵고 대비는 장애가 없으니

입립편시방 보시주법계
粒 粒 遍 十 方 普 施 周 法 界

알알이 시방에 두루 해 널리 법계에 베풀어 두루 하고

금이소수복 보첨어귀취
今以所修福 普沾於鬼趣
이제 이 닦은 복으로 널리 귀중께 적셔 주니

식이면극고 사신생락처
食己免極苦 捨身生樂處
드시고 고통을 면하고 몸 버리고 극락에 나네.

○**眞言變供**(진언변공, 진언으로 공양의 변화를 청함, 칠편)

변식진언 (음식이 한량없이 많아지고 변하게 하는 진언)
變食眞言

나막 살바 다타아다 바로기데
「옴 삼바라 삼바라 훔」 [칠편]

[변식진언을 외울 때, 증명법사는 위에서와 같이 '옴 람' 두 자를 공양구 위에 쓰고, '람'자 위신으로 한 그릇이 셀 수 없는 그릇으로 변화되고 한 알의 곡식이 무량한 곡식으로 변화되어 그릇그릇이 다 이와 같고 알알의 곡식이 다 이와 같이 되어 법계에 가득 채워지게 된다고 생각한다.]

시감로수진언 (감로수가 베풀어지는 진언)
施甘露水眞言

나모 소로바야 다타아다야 다냐타
「옴 소로소로 바라소로 바라소로
스바하」 [칠편]

[감로수진언을 외울 때, 곧 왼손으로써 물그릇을 잡고 오른손

으로 향 연기의 훈기를 쐬운 양지(버드나무가지)를 잡고 물그릇에 세 번 담갔다 한다.]

일자수륜관진언 (수륜을 관하는 일자 진언)
一 字 水 輪 觀 眞 言

옴 밤 밤 밤 밤 [칠편]

[수륜관진언을 외울 때 이 양지로써 '옴 람' 두 자를 물그릇 위에 쓰고 그 물을 세 번 휘저어 향 연기가 물과 합해지게 하고, '람'자의 위력과 신력으로 향해(香海)의 묘수(妙水: 좋은 물)가 유출되어 (그것을) 공중에 두루 뿌린다.]

유해진언 (바다처럼 젖이 많아져 공양되는 진언)
乳 海 眞 言

나모 사만다 못다남 「옴 밤」 [칠편]

[유해진언을 외울 때, 이 양지로 향수를 공양구 위에 뿌리고 공중에 세 번 뿌린다. 또 세 번을 끝내고 가슴에 합장하고 조금 물러나 다섯 진언을 마치고 자리에 나아간다.]

○ **稱揚聖號** (칭양성호, 요령·목탁)

나모다보여래 [삼창]
南 無 多 寶 如 來

원제혼령 파제간탐 법재구족
願 諸 魂 靈 破 除 慳 貪 法 財 具 足

나모다보여래, 혼령들이 간탐심 없애 버리고
보배로운 법의 재물 갖춰지이다.

나모묘색신여래 [삼칭]
南無妙色身如來
원제혼령 이추루형 상호원만
願諸魂靈 離醜陋形 相好圓滿

나모묘색신여래, 혼령들이 추한 몸 벗어 버리고
원만한 몸매가 이뤄지이다.

나모광박신여래 [삼칭]
南無廣博身如來
원제혼령 사육범신 오허공신
願諸魂靈 捨六凡身 悟虛空身

나모광박신여래, 혼령들이 육도의 범부 몸 벗고
허공 같은 본래의 몸 깨쳐지이다.

나모이포외여래 [삼칭]
南無離怖畏如來
원제혼령 이제포외 득열반락
願諸魂靈 離諸怖畏 得涅槃樂

나모이포외여래, 혼령들이 두려움을 멀리 떠나서
니르바나 열반락이 누려지이다.

나모감로왕여래 [삼칭]
南無甘露王如來
원아각각 열명혼령 인후개통 획감로미
願我各各 列名魂靈 咽喉開通 獲甘露味

나모감로왕여래, 초청한 혼령들이 목구멍 열려
감로수의 청량한 맛 얻어지이다.

○施食偈(시식게, 음식을 베푸는 게송)

원차가지식 보변만시방
願此加持食 普遍滿十方
식자제기갈 득생안양국
食者除飢渴 得生安養國

이 가지 공양이 시방세계 두루 하여
드신 이는 굶주림 없애고 왕생극락하소서.

시귀식진언(귀중에게 음식을 베푸는 진언)
施鬼食眞言

옴 미기 미기 야야 미기 스바하 [삼편]

보공양진언(널리 공양하게 하는 진언)
普供養眞言

옴 아아나 삼바바 바아라 훅 [삼편]

○사방쇄수(사방쇄수, 사방에 감로수를 뿌림)

열명혼령
列名魂靈
아소주수 변성감로미
我所呪水 變成甘露味
적지소첨 증귀개리고
滴之所沾 衆鬼皆離苦

내가 가지한 물이 감로의 맛으로 변화되어
한 방울의 물을 적셔 받으면
여러 가지 고통에서 벗어나길 원합니다.

보회향진언 (널리 회향하는 진언)
普回向眞言

옴 사마라 사마라 미마나 사라 마하 자가라바 훔 [삼편]

○ 禮聖偈 (예성게, 성인께 예하는 게송)

계수서방안락찰 접인중생대도사
稽首西方安樂刹 接引衆生大導師
아금발원원왕생 유원자비애섭수
我今發願願往生 唯願慈悲哀攝受

서방정토 안락세계 중생 맞아 이끄시는
아미타불 대도사께 머리 숙여 예배하며
제가 이제 극락에 왕생하기 원하오며
자비하신 원력으로 섭수하여 주옵소서.

화엄시식
華嚴施食

○赴感偈(부감게, 불신이 인연 따라 이름을 찬탄하는 게송)

불신충만어법계 보현일체중생전
佛身充滿於法界 普現一切衆生前
수연부감미부주 이항처차보리좌
隨緣赴感靡不周 而恒處此菩提座

법계에 충만하신 붓다의 몸
널리 모든 중생 앞에 나타내시고
인연따라 감응하여 두루하시나
언제나 이 보리좌에 계시네.

거 사바세계 차사천하 남섬부주
據 娑婆世界 此四天下 南贍部洲
대한민국 ○처 ○산 ○사 수월도량
大韓民國 處 山 寺 水月道場
공화불사
空花佛事

금차 지극정성 생전효행 사후건성
今此 至極精誠 生前孝行 死後虔誠
○기도지후 설향단전 봉청재자
祈禱之後 爇香壇前 奉請齋者
당사 주지여시회사부대중 지심복
當寺 住持與時會四部大衆 至心伏

위 각 상서선망 광겁부모 다생사장
爲 各 上逝先亡 曠劫父母 多生師長

누대종친 원근친척 제형숙백 자매
累代宗親 遠近親戚 弟兄叔伯 姉妹

질손 일체권속 등중 각 열명혼령
姪孫 一切眷屬 等衆 各 列名魂靈

차 영단 단상단하 봉안위패 사진등
此 靈壇 壇上壇下 奉安位牌 寫眞等

각 열명혼령
各 列名魂靈

차사최초 창건이래 지어금일 중건
此寺最初 創建以來 至於今日 重建

중수 화주시주 도감별좌 불전내외
重修 化主施主 都監別座 佛前內外

사사시주 일용범제집물 대소결연
四事施主 日用凡諸什物 大小結緣

일체유공덕주등 각 열위혼령
一切有功德主等 各 列位魂靈

차 도량내외 동상동하 유주무주 운
此 道場內外 洞上洞下 有主無主 雲

집고혼 비명액사 일체애혼 등중 각
集孤魂 非命厄死 一切哀魂 等衆 各

열위혼령
列位魂靈

제불자등 각 열위혼령 철위산간
諸佛子等 各 列位魂靈 鐵圍山間

오무간옥 일일일야 만사만생 만반
五無間獄 一日一夜 萬死萬生 萬般

고통 수고함령 등중 각 열위혼령
苦痛 受苦含靈 等衆 各 列位魂靈

승불신력 내예향단
承佛神力 來詣香壇

동첨법공 증오무생
同霑法供 證悟無生

○ 供養(공양, 게송 끝 저두)

보방광명향장엄 종종묘향집위장
普放光明香莊嚴 種種妙香集爲帳

보산시방제국토 공양일체대덕존
普散十方諸國土 供養一切大德尊

널리 광명 놓아 향으로 장엄하니
갖가지 오묘한 향이 모여 휘장이 되어
시방의 모든 국토에 널리 퍼져
일체 대덕존께 공양합니다.

우방광명다장엄 종종묘다집위장
又放光明茶莊嚴 種種妙茶集爲帳

보산시방제국토 공양일체영령중
普散十方諸國土 供養一切英靈衆

광명 놓아 차로 장엄하니
갖가지 오묘한 차가 모여 휘장이 되어
시방의 모든 국토에 널리 퍼져
일체 영령들께 공양합니다.

우방광명미장엄 종종묘미집위장
又放光明米莊嚴　種種妙米集爲帳
보산시방제국토 공양일체고혼중
普散十方諸國土　供養一切孤魂衆

광명 놓아 공양미로 장엄하니
갖가지 오묘한 공양미가 모여 휘장이 되어
시방의 모든 국토에 널리 퍼져
일체 고혼께 공양합니다.

우방광명법자재 차광능각일체중
又放光明法自在　此光能覺一切衆
영득무진다라니 실지일체제불법
令得無盡陀羅尼　悉持一切諸佛法

광명 놓아 붓다의 법 자재하니
이 빛으로 일체중생 깨닫게 하고
다함없는 다라니를 얻게하며
일체 제불의 법 모두 지니게 합니다.

법력난사의 대비무장애
法力難思議　大悲無障碍
입립변시방 보시주법계
粒粒遍十方　普施周法界

법의 힘은 생각으로 헤아리기 어렵고
대비는 장애됨이 없어서
온세상에 두루한 낟알들로
법계의 중생에게 널리 베푸시네.

금이소수복 보첨어귀취
今以所修福 普沾於鬼趣
식이면극고 사신생낙처
食已免極苦 捨身生樂處

오늘 닦은 훌륭한 복으로
귀신 세계 두루 적시니
먹고서 극심한 고통 벗어나
그몸 버리고 극락에 나소서.

보공양진언
普供養眞言

옴 아아나 삼바바 바아라 혹 [삼편]

○禮聖偈(예성게, 성인께 예하는 게송)

계수서방안락찰 접인중생대도사
稽首西方安樂刹 接引衆生大導師
아금발원원왕생 유원자비애섭수
我今發願願往生 唯願慈悲哀攝受

서방정토 안락세계 중생 맞아 이끄시는
아미타불 대도사께 머리 숙여 예배하며
제가 이제 극락에 왕생하기 원하오며
자비하신 원력으로 섭수하여 주옵소서.

칠재의문
七齋儀文

칠칠재의 의례 형식

칠칠재는 사후 칠칠일 간의 중음 기간에 망자를 위해 경전을 들려주고 공양을 올려 공덕을 닦아주는 의식이다.

장례를 치른 뒤 망자의 영령을 칠칠재를 봉행할 절로 모셔 오는 날에 행하는 의식과 사후 7일째 되는 초재부터 여섯 번째 칠일인 육재까지 행하는 의례 형식과 마지막 칠칠일이 되는 49일째 되는 날에 행하는 의식 등 세 가지 사례를 정리하였다.

제일 사례로 영령을 맞이하는 날 영혼일(迎魂日) 의식으로 간단히 영령을 맞이하여 의식과 자세히 영령을 맞이하는 의식으로 편제하였다.

제이 사례로 초재~6재까지의 의식으로 망자가 깨달음을 얻도록 법문이나 경전을 들려주고 영령에게 제수를 올리는 형식으로 진행된다.

제삼 사례는 사후 49일의 칠재 때 행하는 의례로 전통의 시련, 대령, 관욕과 상위 권공, 시왕 권공, 영령에 영반을 올리고, 고혼들을 위해 헌식을 베푸는 형식으로 정리하였다.

제1사례: 迎魂日
영 혼 일

1-1 道場嚴淨(도량엄정)

[재자는 몸과 마음을 깨끗이 하여 절에 도착하면 주지스님 등께 인사하고 법당으로 들어간다. 향·금전 등 준비한 정성을 올린다. 천수주 염송, 사방쇄수로 도량을 엄정한다.]

○禮敬(예경, 변재하는 시방 삼보에 귀의하며 절을 올림)

南無 常住一切 三種三寶 [절]
나 모 상 주 일 체 삼 종 삼 보

정구업진언(말로 지은 행위를 깨끗이 하는 진언)
淨 口 業 眞 言

수리 수리 마하수리 수수리 스바하 [삼편]

오방내외안위제신진언(성현을 청해 모시는 진언)
五 方 內 外 安 慰 諸 神 眞 言

나모 사만다 못다남

「옴 도로도로 지미 스바하」 [삼편]

○開經偈呪(개경게주, 경전과 법장을 여는 게송과 진언)

높고 깊은 붓다님 법
만나옵기 어렵건만

제가 이제 받아 지녀
참된 의미 깨치리다.

옴 아라남 아라다 [삼편]

○ 千手呪請(천수주청, 관음보살님께 다라니를 청함)

천수천안 관음보살 광대하고
원만하여 걸림 없는 대비심의
다라니를 청합니다.

크신 원력 좋은 상호
천손으로 보호하고
천안으로 살피시며
법문 속에 밀어 펴고
무위심서 자비 내어
저희 소원 이뤄주고
모든 죄업 없애주는
관세음께 절합니다.
천룡중성 옹호하여

온갖 삼매 이뤄지며
지닌 몸은 빛이 나고
지닌 마음 자유롭네.
번뇌 씻고 고해 건너
보리방편 얻게 되며
송주하며 귀의하니
원하는 일 이뤄지네.

나모대비관세음 일체 법을 알려 하니
나모대비관세음 지혜 눈을 얻게 되고

나모대비관세음 일체 중생 건져내는
나모대비관세음 좋은 방편 얻게 되며

나모대비관세음 지혜 배에 어서 올라
나모대비관세음 고통바다 건너가고
나모대비관세음 계정혜를 속히 갖춰
나모대비관세음 열반 언덕 올라가며
나모대비관세음 무위의 집 함께 모여

나모대비관세음 진리의 몸 이루리다.

칼산지옥 내가 가면
칼산 절로 꺾이고,
화탕지옥 내가 가면
화탕 절로 사라지며
모든 지옥 내가 가면
지옥 절로 없어지고,
아귀세계 내가 가면
아귀 절로 배부르며
아수라계 내가 가면
악한 마음 무너지고,
축생세계 내가 가면
지혜 절로 얻어지리.

나모관세음보살마하살
南無觀世音菩薩摩訶薩
나모대세지보살마하살
南無大勢至菩薩摩訶薩

나모천수보살마하살
南無千手菩薩摩訶薩

나모여의륜보살마하살
南無如意輪菩薩摩訶薩

나모대륜보살마하살
南無大輪菩薩摩訶薩

나모관자재보살마하살
南無觀自在菩薩摩訶薩

나모정취보살마하살
南無正趣菩薩摩訶薩

나모만월보살마하살
南無滿月菩薩摩訶薩

나모수월보살마하살
南無水月菩薩摩訶薩

나모군다리보살마하살
南無軍茶利菩薩摩訶薩

나모십일면보살마하살
南無十一面菩薩摩訶薩

나모제대보살마하살
南無諸大菩薩摩訶薩

나모본사아미타불 [삼편]
南無本師阿彌陀佛

신묘장구대다라니 [운운, 사방 쇄수로 도량 엄정]
神妙章句大陀羅尼

 천수주(대비주) 염송 전 정수와 쇄수 가지를 준비하며, 다라니 염송으로 정수를 감로수로 변하게 하여 대비주 '시리 시리 소로 소로' 부분 염송 때 법사는 사방을 향해 감로수를 뿌려서 사방을 엄정 결계한다. 감로수가 닿으면 정토로 변해지고, 재주 제자들은 업장이 정화되어 참회가 이뤄진다.

○ **四方讚**(사방찬: 가지주수한 물을 사방에 뿌린 후 하는 게송)

동방에 물 뿌리니 도량이 깨끗하고,
남방에 물 뿌리니 천지가 청량하며
서방에 물 뿌리니 정토가 이뤄지고,
북방에 물 뿌리니 영원히 평안하네.

○ **道場讚**(도량찬, 도량이 청정해졌음을 찬탄하는 게송)

청정도량 티끌 없어
삼보천룡 예오시네.
미묘 진언 외우오니
대자비로 살피소서.

1-2 迎魂(영혼, 혼령을 맞이함)

1-2-1 略禮迎魂(약례영혼, 간단히 혼령을 맞이함)

[대문 앞에 법상을 안치하고 정수와 쇄수기, 작양지, 수건 등을 준비해 놓고, 영정이 도착하면 불당을 향해 안치하고 법사가 영정을 보며 진행한다. 시간이 허락하면 '나모극락도사 아미타불'을 거불성으로 봉행한다.]

1-2-1-1 召請(소청, 혼령을 청함)

某靈

普召請眞言
보 소 청 진 언

나모 보보데리 가리다리 다타아다야

一心奉請 因緣聚散 今古如然 憑佛
일 심 봉 청 인 연 취 산 금 고 여 연 빙 불
法之威光 赴冥陽之勝會 今日特爲某
법 지 위 광 부 명 양 지 승 회 금 일 특 위 모
人英靈 惟願承三寶力 仗秘密語 今
인 영 령 유 원 승 삼 보 력 장 비 밀 어 금
日今時 來臨法會 受沾法食
일 금 시 내 림 법 회 수 첨 법 식

[眾和] 香花請 [대중 꽃을 놓음]
 중 화   향 화 청

1-2-1-2 灌浴(관욕, 관욕과 지의를 화의한다.)

灌浴眞言 [쇄수, 작양지, 수건 준비, 인법은 영혼일 참조]
관 욕 진 언

옴 바다모 사니사 아모가 아례 훔

化衣財眞言 [종이옷 준비 소지]
화 의 재 진 언

나모 사만다 못다남
「옴 바자나 비로기데 스바하」[삼편]

[목욕을 마치고 옷을 입고 난 다음 영정을 모시고 불전을 향해 선 다음 불단을 가리키며 지단진언을 외운 다음 인성이 소리를 시작으로 출발한다.]

指壇眞言 [법당을 가리킴]
지 단 진 언

옴 예이혜 비로자나야 스바하

"나모대성인로왕" 소리를 시작으로 영정을 모시고 법사를 따라 불전으로 출발한다.

南無大聖引路王菩薩 [법당을 향해 출발]
나 모 대 성 인 로 왕 보 살

1-2-1-3 普禮 (보례, 불전에 이르러 상단을 향해 절을 함)

普禮十方一切佛
보 례 시 방 일 체 불

普禮十方一切法
보 례 시 방 일 체 법

普禮十方一切僧
보 례 시 방 일 체 승

1-2-1-4 受位安座偈呪(수위안좌게주, 위패 받아 청법단 안치)

生前有形質 死後無蹤跡
생 전 유 형 질　사 후 무 종 적
請入梵宮寺 安心坐道場
청 입 범 궁 사　안 심 좌 도 량

생전에 갖추었던 모습과 성품
죽고 나니 아무런 흔적도 없네.
법왕의 궁전에 드서서
마음 편히 도량에 앉으소서.

옴 마니 군다리 훔훔 스바하

1-2-1-5 茶偈(다게, 차를 올리며 절을 세 번 한다.)

龍宮滿藏無窮水 莫將茶椀取日容
용 궁 만 장 무 궁 수　막 장 다 완 취 일 용
秋收潭淸碧天時 團團孤月處處晶
추 수 담 청 벽 천 시　단 단 고 월 처 처 정

용궁에 가득한 다함 없는 물로
찻잔에 일용을 취하여
푸른 못 푸른 하늘 추수 시절,
둥근 외로운 달 처처를 밝히네.

1-2-2 廣禮迎魂(광례영혼, 이칭 대령)

[영혼식은 사찰 대문 밖에서 하는 것이 원칙이나 누각 대방 마당 등에서 행한다. 천수주 후 영령을 연으로 모시며 신중에게 부탁하는 의식이다.]

1-2-2-1 對靈侍輦節次(대령시련절차, 시주이운)

○擁護偈(옹호게, 성현을 청해 옹호를 부탁드리는 게송)

奉請十方諸賢聖　梵王帝釋四天王
봉청시방제현성　범왕제석사천왕
伽藍八部神祇衆　不捨慈悲願降臨
가람팔부신기중　불사자비원강림

　시방의 제 현성과 범왕 제석 사천왕과
　가람신과 팔부신기 등을 받들어 청하오니
　자비를 버리지 마시고 강림하여
　연을 옹호하여 주소서.

○獻座偈呪(헌좌게주, 법사 요령)

我今敬設寶嚴座　奉獻一切聖賢前
아금경설보엄좌　봉헌일체성현전
願滅塵勞妄想心　速圓解脫菩提果
원멸진노망상심　속원해탈보리과

　제가 이제 경건히 보배로 자리를 장엄하고
　일체 성현님께 바치오니 번뇌와 망상심을 없애고서
　속히 해탈 보리과를 원만히 하소서.

옴 가마라 싱하 스바하

○ 茶偈(다게)

今將甘露茶 奉獻聖賢前
금 장 감 로 다 　봉 헌 성 현 전

鑑此虔懇心 願垂哀納受
감 차 건 간 심 　원 수 애 납 수

제가 이제 감로다를 성현 전에 받들어 올리오니
재자의 간절한 마음을 살피시어
자비로써 어여삐 여겨 받으소서.

[신중 위의는 대령시련을 위해 대령단 좌우에 위치하고, 대령소참을 마친 다음 좌우에서 도열해서 연에 모신 영령을 시련한다. 연을 쓰지 않을 때는 대령소참을 하고 관욕을 하고 난 다음 사문소참을 한 다음 시식도량으로 안치한다.]

1-2-2-2 對靈小參(대령소참, 1529년 『청문』 소재)

某靈
모 령

這一點靈明 虛徹十方
저 일 점 영 명 　허 철 시 방

廣通三際 歷劫尚存 今亦不滅
광 통 삼 제 　역 겁 상 존 　금 역 불 멸

去來自由 山下石壁 不能障礙
거 래 자 유 　산 하 석 벽 　불 능 장 애

瞬目之頃 請卽便到
순 목 지 경 　청 즉 변 도

한 점 혼령의 밝음은 시방에 텅 비어 두루 하고, 삼세

에 널리 통하여, 가고 오며 자유로워 산과 강 석벽도
장애가 되지 못하니 순식간에 청하면 곧 이르십니다.

某靈
모 령

○下來偈(하래게, 아래로 내려오기를 청하는 게송)

萬點靑山圍梵刹 一竿紅日照靈對
만 점 청 산 위 범 찰　일 간 홍 일 조 영 대

仰承三寶加持力 高馭雲車暫下來
앙 승 삼 보 가 지 력　고 어 운 거 잠 하 래

만 떨기 청산(靑山)은 범찰을 둘러싸고,
한 줄기 붉은 해 영대를 비추도다.
삼보(三寶)님의 가지(加持)의 힘 받들어
구름수레 높이 몰아 잠시 내려오시네.

○召請偈呪(소청게주, 불러 청하는 게송과 진언)

以此振鈴伸召請 今日英靈普聞知
이 차 진 령 신 소 청　금 일 영 령 보 문 지

願承三寶加持力 今日今時來赴會
원 승 삼 보 가 지 력　금 일 금 시 래 부 회

요령 울려 두루 청하니,
모인 영령이여, 널리 듣고 아시고
삼보님의 가지 힘에 의지하여서
오늘 이 시간에 법회에 오십시오.

나모 보보데리 가리다리 다타아다야

某靈
모령

來如水月之頓呈 去若幻雲之忽散
래 여 수 월 지 돈 정　거 약 환 운 지 홀 산

動靜無碍 涉入靈融 或奪或存
동 정 무 애　섭 입 영 융　혹 탈 혹 존

靈通莫測 不出不在 妙性無方
영 통 막 측　불 출 부 재　묘 성 무 방

물 위 달이 드러나듯이 오시고 구름이 흩어지듯이 가십니다.
동정에 걸림 없고 영명하게 드셨으니, 없기도 하고 있기도 하니 영령은 통함을 측량할 수 없으니 나오지도 있지도 않고 오묘한 성품은 치우치지 않습니다.

某靈
모령

欲識眞空來往意 頭頭物物路不阿
욕 식 진 공 래 왕 의　두 두 물 물 로 부 아

진공의 내왕을 아십니까. 두두 물물 길에는 걸림이 없습니다.

一心奉請 因緣聚散 今古如然 憑佛
일 심 봉 청　인 연 취 산　금 고 여 연　빙 불

法之威光 赴冥陽之勝會 今日特爲某
법 지 위 광　부 명 양 지 승 회　금 일 특 위 모

英靈 惟願承三寶力 仗秘密語 今日
영 령　유 원 승 삼 보 력　장 비 밀 어　금 일

今時 來臨法會 受沾法食

[衆和] 香花請

일심으로 받들어 청합니다. 인연이 모였다고 흩어지는 것은 예나 지금이나 같습니다. 불법의 위광에 의지하여 명양의 수승한 법회에 이르소서. 오늘 특별히 모씨 영령을 위하는 것이오니 삼보님의 힘과 비밀다라니를 의지하여 오늘 이 시간에 법회에 임하여 법식을 받으소서.

某靈

○ **香偈**(향게, 출전: 함허득통화사어록)

一片香從五分香 五分香具一片香
當用一片香一薰 一薰薰發五分身

일편향은 오분향에서 나오고
오분향에는 일편향이 갖춰졌고
일편향으로 한 번 훈김하며
한 번 훈김하니 오분신이 나옵니다.

○茶偈(다게, 아침 예경 시)

這介一念淸淨燈 十方法界自照明
저 개 일 념 청 정 등　시 방 법 계 자 조 명
大覺朗心本淸淨 無不隨之大明王
대 각 낭 심 본 청 정　무 불 수 지 대 명 왕

일념의 청정한 등불이
시방법계를 저절로 비춥니다.
붓다님의 밝은 마음은 본래 청정하여
대명왕을 따릅니다.

○茶偈(다게)

聞此香烟臨法會 一嘗甘露滌腥膻
문 차 향 연 임 법 회　일 상 감 로 척 성 단
今從覺破塵勞夢 淨土彌陀在眼前
금 종 각 파 진 노 몽　정 토 미 타 재 안 전

이 향연 맡으시고 법회에 임해
한 번 감로다 마시며 더러움을 씻으니
이제 붓다님을 따라 번뇌를 없애시며
미타의 정토가 눈앞입니다.

1-2-2-3 灌浴(관욕)

● 引詣香浴篇(인예향욕편, 각 위패 입욕 준비)

南無大聖引路王菩薩摩訶薩
나 모 대 성 인 로 왕 보 살 마 하 살

上來 已憑佛力法力 三寶威神之力
상 래   이 빙 불 력 법 력   삼 보 위 신 지 력

召請當靈 已屆道場 大衆聲鈸 請迎
소 청 당 령 이 계 도 량   대 중 성 발   청 영

赴浴
부 욕

이제까지 불법의 엄정한 힘과 삼보님의 위신의 역에 의지하여서 당령을 부르니, 영령께서 도량에 다다르셨네. 대중의 바라 소리에 승묘한 욕실로 들어가십시오. [요령 내림]

[대령 및 관욕단이 상거할 때 千手 및 心經을 염송한다.]

正路眞言 [바른 길을 알려드림]
정 로 진 언

옴 소싯지 나자리다라 나자리다라 모라다예 자라자라 만다만다 하나하나 훔 바탁

○ 入室偈(입실게, 욕실에 들어가며 들려주는 게송)

一從違背本心王 幾入三途歷四生
일 종 위 배 본 심 왕　기 입 삼 도 력 사 생

今日滌除煩惱染 隨緣依舊自還鄉
금 일 척 제 번 뇌 염　수 연 의 구 자 환 향

단 한 번의 본래 마음 등진 때부터
삼도사생 그 얼마나 윤회했던가.
오늘에야 물든 번뇌 씻어 없애니
인연 따라 본향으로 돌아가소서.

● 加持澡浴篇(가지조욕편, 진언의 위력으로 목욕해 드리는 편)

詳夫 淨三業者 無越乎澄心 潔萬物
상 부　정 삼 업 자　무 월 호 징 심　결 만 물

者 莫過於淸水 是以 謹嚴浴室 特備
자　막 과 어 청 수　시 이　근 엄 욕 실　특 비

香湯 希一濯於塵勞 獲萬劫之淸淨
향 탕　희 일 락 어 진 로　획 만 겁 지 청 정

자세히 헤아려보니, 삼업을 맑히는 데는 깨끗한 마음
보다 나은 것이 없고, 만물을 깨끗이 하는 데는 맑은
물보다 나은 것이 없습니다. 이 까닭에 삼가 욕실을
장엄하게 꾸미고 특별히 향탕수를 마련하였으니, 진로
(번뇌)를 씻어 만겁의 청정을 얻으시기를 바랍니다.

[下有沐沐之偈 大衆隨言後和]
하 유 목 목 지 게　대 중 수 언 후 화

[아래에 목욕게송을
대중은 말을 따라 화음으로 염송하시오.]

○沐浴偈呪(목욕게주, 목욕해 드리는 게송)

我今以此香湯水 灌沐當靈佛弟子
아 금 이 차 향 탕 수　관 목 당 령 불 제 자

身心洗滌令淸淨 證入眞空常樂鄕
신 심 세 척 령 청 정　증 입 진 공 상 락 향

제가 지금 이 향기로운 목욕물로
당령 불제자를 목욕시키옵니다.
몸과 마음 깨끗하게 닦아 청정하게 하사
진공의 항상 즐거운 세상에 드시옵소서.

沐浴眞言 (목욕해 드리는 게송)
목 욕 진 언

[인법: 두 손 무명지와 소지는 안으로 서로 깍지 끼워 손바닥 속에 넣되 오른손이 왼손을 누른다. 중지를 세워 끝을 서로 떠받든다. 두 손의 두지는 중지 위를 비틀어 붙잡고 두 손의 대지는 중지의 가운데마디를 누른다.]

옴 바다모 사니사 아모가 아례 훔

嚼楊枝眞言 (양치질하는 진언)
작 양 지 진 언

[인법: 왼손 대무지(엄지)로 무명지의 아랫마디를 잡고 금강권(金剛拳)을 짓는다.]

옴 바아라하 스바하

漱口眞言 (입을 헹구는 진언)
수 구 진 언

[인법: 왼손으로 금강권을 맺고 왼손의 중지(원바라밀)와 무명지(방편바라밀)와 소지(지혜바라밀)의 세 손가락을 편다.]

옴 도도리 구로구로 스바하

洗手面眞言 (손과 얼굴 닦는 진언)
세 수 면 진 언

[인법: 작양지진언의 인법과 동일하다.]

옴 사만다 바리슛데 훔

● 加持化衣篇 (가지화의편, 진언으로 해탈 옷으로 변하게 함)

某靈 沐浴旣周 身心俱淨 今以如來
모 령 목 욕 기 주 신 심 구 정 금 이 여 래

無上秘密之言 加持冥衣 願此一衣爲
무 상 비 밀 지 언 가 지 명 의 원 차 일 의 위

多衣 以多衣爲無盡之衣 令稱身形
다 의 이 다 의 위 무 진 지 의 영 칭 신 형

不長不短 不窄不寬 勝前所服之衣
부 장 부 단 불 착 불 관 승 전 소 복 지 의

變成解脫之服 故吾佛如來 有化衣財
변 성 해 탈 지 복 고 오 불 여 래 유 화 의 재

陀羅尼 謹當宣念
다 라 니 근 당 선 념

모인 영령이여, 목욕을 이미 마쳤으니, 몸과 마음이 다 깨끗해졌습니다. 이제 여래의 위없는 비밀의 말씀인 다라니로써 저승 옷을 가지합니다. 이 한 벌의 옷이 수많은 옷이 되고, 이 수많은 옷이 다함 없는 옷이 됩니다. 몸에 맞아 길지도 짧지도 좁지도 넓지도 않게 하여 이제까지의 옷보다 뛰어나니, 해탈의 옷으로 변해지기를 바랍니다.

그런 까닭에 우리 붓다 여래의 화의재다라니를 삼가 염송하소서.

化衣財眞言(종이옷이 재의로 변화하는 진언, 화의재바라)
화 의 재 진 언

[인법: 이 주(呪)에는 인법(印法)이 없으니, 금강저(金剛杵)가 있으면 그것으로 그 의미를 돕고, 금강저가 없으면 연화합장(蓮花合掌)을 지어도 된다.]

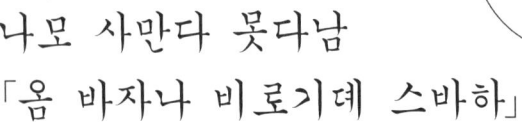

나모 사만다 못다남
「옴 바자나 비로기데 스바하」

○ 授衣服飾儀(수의복식의)

某靈 持呪旣周 化衣已遍 無衣者 與
모 령　지 주 기 주　화 의 이 변　무 의 자　여

衣覆軆 有衣者 弃故換新 將詣淨壇
의 부 체　유 의 자　기 고 환 신　장 예 정 단

先整服飾
선정복식

모인 영령이여, 주를 지녀 이미 두루 옷을 변화하였고, 이미 두루 하였습니다. 옷이 없는 분께서는 옷을 드리니 몸을 덮으시고 옷이 있으신 분께서는 헌 옷을 버리고 새 옷으로 갈아입으십시오. 이제 정단에 이르셔야 하오니 먼저 옷을 단정히 하십시오.

授衣眞言 (옷을 주는 진언)
수의진언

[인법: 오른손은 주먹을 쥐고 왼손으로는 물을 취해, 줄 옷에 그것을 뿌린다.]

옴 바리마라바 바아리니 훔

著衣眞言 (옷을 입히는 진언)
착의진언

[인법: 두 손의 대무지로 두지와 중지와 무명지와 소지의 위를 각각 누른다.]

옴 바아라 바사셰 스바하

整衣眞言 (옷 매무새를 정리하는 진언)
정 의 진 언

[인법: 두 손의 대무지로 두지와 중지와 무명지와 소지의 위를 각각 누른다. (착의진언과 수인 同一)

옴 사만다 사다라나 바다 메 훔 박

● **出浴參聖篇**(출욕참성편, 욕실을 나와 성현을 뵙는 의식)

某靈 旣周服飾 可詣壇場 禮三寶之
모 령   기 주 복 식   가 예 단 장   예 삼 보 지

慈尊 聽一乘之妙法 請離香浴 當赴
자 존   청 일 승 지 묘 법   청 리 향 욕   당 부

淨壇 合掌專心 徐步前進
정 단   합 장 전 심   서 보 전 진

모인 영령이여, 이미 복식이 두루 하였으니, 정단(淨壇)에 이르러 세 보배이신 자비로운 존자님들께 인사드리고, 일승의 묘법을 들어야 합니다. 향탕을 나와 정단에 나가야 하오니, 두 손을 모으고 마음을 온전히 하여 서서히 앞으로 나아가십시오.

▼관욕하지 않았을 때 이곳부터 이어서 진행함

指壇眞言
지 단 진 언

옴 예이혜 비로자나야 스바하

○法身偈(법신게, 정좌게라고도 할 수 있음)

法身遍滿百億界 普放金色照人天
법 신 편 만 백 억 계 　 보 방 금 색 조 인 천

應物現形潭底月 體圓正坐寶蓮臺
응 물 현 형 담 저 월 　 체 원 정 좌 보 련 대

　법신은 백억세계 두루 차서

　금빛 놓아 인간 천상 비춰주고

　일천 강의 달빛같이 근기 따라 나타내시며,

　그 몸은 연화대에 바로 앉아 계시네.

[出發]
출 발

[연으로 영령을 모실 때, 신중 위의는 연의 좌우에서 시련]

[시련 출발 순서: 1)취타, 2)삼현육각, 3)인례법사(회수), 4)燈籠, 5)사찰기, 6)인로왕번, 7)연(대표위패) 8)일산, 9)여타 혼령 위패, 10)설판재주, 11)착복승, 12)법주, 13)어산, 14)태징]

[인성은 짓소리를 말한다. 짓소리를 하면서 行進]

南無大聖引路王菩薩
나 모 대 성 인 로 왕 보 살

1-2-2-4 沙門小參(사문소참, 사문(정문)에서 하는 법문)

某靈
모 령

一眞法界 本絶彼此 內外淸淨
일 진 법 계 본 절 피 차 내 외 청 정

性中元無生滅 去來旣無內外
성 중 원 무 생 멸 거 래 기 무 내 외

去來那有入門出門
거 래 나 유 입 문 출 문

하나의 참다운 법계는 본래 피차가 없고
내외가 청정합니다.
영령의 본성에는 원래 나고 죽음이 없으며
가고 오나 이미 내외가 없습니다.
가고 오는데 어찌 드는 문과 나는 문이 있겠습니다.

某靈
모 령

欲識圓通甘露門 聲聲色色是我誰
욕 식 원 통 감 로 문 성 성 색 색 시 아 수

둥글게 통하는 불사의 문을 아십니까.
소리나 빛깔 속에서 나란 누구입니까.

十方無壁落 四面亦無門
시 방 무 벽 락 사 면 역 무 문

大道無邊際 虛空難度量
대 도 무 변 제 허 공 난 도 량

시방에는 벽이 없고 사면에는 문도 없습니다.

대도는 끝도 없고 허공은 잴 수도 없습니다.

某靈
모령

一揮鐵棒如風疾 萬戶千門盡擊開
일 휘 철 봉 여 풍 질　만 호 천 문 진 격 개

바람같이 한 번 철봉을 휘두르면
만호 천문이 일시에 열립니다.

○ **開門偈**(개문게, 정문이나 누각 아래 문을 여는 게송)

捲箔逢彌勒 開門見釋迦
권 박 봉 미 륵　개 문 현 석 가

三三禮無上 遊戱法王家
삼 삼 례 무 상　유 희 법 왕 가

발 올리면 미륵불을 뵙게 되고
문을 열면 석가여래 친견하리니
무상존께 아홉 번 예배하시고
법왕가의 해탈 법을 만끽하소서.

[사문소참은 절의 첫 번째 정문 앞에서 대령 소참한 다음 절의 마지막 정문인 사문 앞에 이르러 사문을 열면서 영령에게 들려주는 법문이다. 둘째 모령 이후 '욕식원통'의 두 구와 '일휘철봉'의 두 구가 칠언절구를 이루고 있다고 할 수 있다. 전후반 칠언절구 사이에 '시방무벽락 ~ 허공나도량'의 오언절구를 삽입하고 후반 구절 이후에 다시 개문게를 시설하여 영령의 깨달음을 이끌어 주고 있다. 구조미의 절정이라고 할 수 있다. 한국불교 재례 의문의 미학의 극치라고 할 수 있다.]

1-2-2-5 入場(입장, 시식도량으로 들어간다.)

寶光明殿到現前 無盡三寶惣來臨
_{보 광 명 전 도 현 전　무 진 삼 보 총 내 림}

一禮一拜超三界 十方世界是專身
_{일 례 일 배 초 삼 계　시 방 세 계 시 전 신}

보광명전에 이르렀습니다.
무진 삼보님께서 다 와 계시니
한 번 예하고 한 번 절하면 삼계를 뛰어넘고
시방세계가 오로지 내몸입니다.

○普禮(보례, 상단을 향해 절을 한다.)

普禮十方一切佛
_{보 례 시 방 일 체 불}

普禮十方一切法
_{보 례 시 방 일 체 법}

普禮十方一切僧
_{보 례 시 방 일 체 승}

옴 바아라믹

1-2-2-6 受位安座偈呪(수위안좌게주, 합장, 법사 요령)

[위패를 청법단에 안치한 다음 차를 올리고 절을 한다.]

生前有形質 死後無蹤跡
생전유형질 사후무종적
請入梵宮寺 安心坐道場
청입범궁사 안심좌도량

생전에 갖추었던 모습과 성품
죽고 나니 아무런 흔적도 없네.
법왕의 궁전에 드셔서
마음 편히 도량에 앉으소서.

옴 마니 군다리 훔훔 스바하

○茶偈(다게, 차를 올리며 절을 세 번 한다.)

龍宮滿藏無窮水 莫將茶椀取日容
용궁만장무궁수 막장다완취일용
秋收潭清碧天時 團團孤月處處晶
추수담청벽천시 단단고월처처정

용궁에 가득한 다함 없는 물로
찻잔에 일용을 취하여
푸른 못 푸른 하늘 추수 시절,
둥근 외로운 달 처처를 밝히네.

1-2-2-8 上壇擧佛(상단거불, 증명단으로 예경하여 모심)

南無 淸淨法身 毘盧遮那佛
나 모 청 정 법 신 비 로 자 나 불

南無 圓滿報身 阿彌陀佛
나 모 원 만 보 신 아 미 타 불

南無 千百億化身 釋迦牟尼佛
나 모 천 백 억 화 신 석 가 모 니 불

1-2-2-9 靈飯(영반, 영령에게 음식을 올리는 의식)

○ 325쪽 칭양성호부터 대자보살발원게 335쪽까지 하고
251쪽 예성게까지 진행

1-2-2-10 奉安(봉안, 위패 봉안 시 게송, 법사 요령·목탁)

旣來華筵 飽餐禪悅
기 래 화 연 포 찬 선 열

放下身心 安過已住
방 하 신 심 안 과 이 주

이 화연에 오셔서 선열을 배불리 드셨으니
몸과 마음 놓으시고 편안히 계십시오.

제2사례 初齋~六齋
초재 　 육재

[이미 영혼을 대령하여 안좌한 상태에서 의례를 시작할 때는 도량엄정을 하고 상단 거불로 소청하여 경전을 들려준다.]

2-1 說法讀經儀式(설법독경의식)

2-1-1 上壇擧佛勸供(상단거불권공, 헌향 공양)

南無 清淨法身 毘盧遮那佛 [절]
나모 　청 정 법 신 　비 로 자 나 불

南無 圓滿報身 阿彌陀佛 [절]
나모 　원 만 보 신 　아 미 타 불

南無 千百億化身 釋迦牟尼佛 [절]
나모 　천 백 억 화 신 　석 가 모 니 불

2-1-2 誦經儀式(송경의식)

淨口業眞言
정 구 업 진 언

수리수리 마하수리 수수리 스바하

安土地眞言
안 토 지 진 언

나모 사만다 못다남

「옴 도로도로 디미 스하바」

普供養眞言
보공양진언

옴 아아나 삼바바 바아라 혹

某靈 某經 一遍
모령 모경 일편

志心諦聽 志心諦受
지심제청 지심제수

○開經偈呪(개경게주, 경전과 법장을 여는 게송과 진언)

無上深甚微妙法 百千萬劫難遭遇
무상심심미묘법 백천만겁난조우

我今見聞得受持 願解如來眞實意
아금견문득수지 원해여래진실의

옴 아라남 아라다

2-1-3 誦經(송경)

[아미타경, 금강경 등 [부록 참조] 당령의 소의경전 독송]

補闕眞言
보궐진언

옴 호로호로 사야모계 스바하

2-2 十王勸供(시왕권공, 재자 시왕단에 예경하고 헌향)

南無佛陀耶 [절]
나 모 붓 다 야

南無達摩耶 [절]
나 모 달 마 야

南無僧伽耶 [절]
나 모 상 가 야

[명부단은 좌측단이므로 '나모붓다야'를 하고
'우측단'은 나모시방불로 한다.]

○證明請詞(증명청사, 증명삼성을 청하는 글)

一心奉請 大悲爲本 陰陽之界 現無
일 심 봉 청 대 비 위 본 음 양 지 계 현 무

邊身 廣濟群迷 世尊收化 而白佛言
변 신 광 제 군 미 세 존 수 화 이 백 불 언

末世衆生 我乃盡度 居歡喜國 南方
말 세 중 생 아 내 진 도 거 환 희 국 남 방

化主 今日道場 若不降臨 誓願安在
화 주 금 일 도 량 약 불 강 림 서 원 안 재

是我本尊 地藏大聖 與左右補處 道
시 아 본 존 지 장 대 성 여 좌 우 보 처 도

明尊者 無毒鬼王 唯願慈悲 降臨道
명 존 자 무 독 귀 왕 유 원 자 비 강 림 도

場 證明功德 '香花請'
량 증 명 공 덕 향 화 청

　일심으로, 대비를 근본으로 삼아 음과 양의 두 세계에

그지없는 몸을 나타내어 널리 숱한 어리석은 중생을 건지시며, 세존께서 교화를 거두시자 붓다님께 "말세 중생을 제가 다 건지겠습니다."라고 말씀드리고, 환희국에 머물고 계시는 남방화주께서 금일 도량에 오시지 않는다면 서원이 있다 할 수 있으리오. 나의 본존 지장 대성과 좌우보처 도명존자 무독귀왕을 받들어 청하오니, 자비로 도량에 강림하여 공덕을 증명하소서.

○ 歌詠(가영, 공덕을 찬탄하며 읊는 게송)

掌上明珠一顆寒 自然隨色辨來端
장 상 명 주 일 과 한　자 연 수 색 변 래 단
幾廻提起親分付 闇室兒孫向外看
기 회 제 기 친 분 부　암 실 아 손 향 외 간

손위에 밝은 구슬 맑은 빛이 영롱한데, 자연스레 빛깔 따라 어김없이 나타나고
몇 번이고 일으키고 친절히 일러주니,
어둔 방의 아이들이 밖으로 향하네.

故我一心歸命頂禮
고 아 일 심 귀 명 정 례

○ 證明茶偈(증명다게, 증명성현께 차를 올리는 게송)

今將甘露茶 奉獻證明前
금 장 감 로 다　봉 헌 증 명 전
鑑察虔懇心 願垂哀納受
감 찰 건 간 심　원 수 애 납 수

제가 이제 감로차를 증명 전에 받들어 올리오니

단월의 정성을 살피시어 '자비로써 받으옵소서.'

○十王都請詞(시왕도청사, 당재왕과 시왕을 청하는 글)

南無 一心奉請 權衡應跡 實報酬因
나 모　일 심 봉 청　권 형 응 적　실 보 수 인
內秘菩薩之慈悲 外現天神之威猛 嵬
내 비 보 살 지 자 비　외 현 천 신 지 위 맹　외
嵬而方便難思 浩浩而神通莫測 於諸
외 이 방 편 난 사　호 호 이 신 통 막 측　어 제
衆生 校察善惡 明分苦樂 殺活延促
중 생　교 찰 선 악　명 분 고 락　살 활 연 촉
皆悉主宰 大威德主 今日當齋 [第七
개 실 주 재　대 위 덕 주　금 일 당 재　　제 칠
泰山大王] 第一秦廣大王 第二初江
태 산 대 왕　제 일 진 광 대 왕　제 이 초 강
大王 第三宋帝大王 第四五官大王
대 왕　제 삼 송 제 대 왕　제 사 오 관 대 왕
第五閻羅大王 第六變成大王 第八平
제 오 염 라 대 왕　제 육 변 성 대 왕　제 팔 평
等大王 第九都市大王 第十五道轉輪
등 대 왕　제 구 도 시 대 왕　제 십 오 도 전 륜
大王 爲首 泰山府君 判官鬼王 將軍
대 왕　위 수　태 산 부 군　판 관 귀 왕　장 군
童子 監齋使者 直符使者 卒吏諸般
동 자　감 재 사 자　직 부 사 자　졸 리 제 반
並從眷屬 唯願 承三寶力 降臨道場
병 종 권 속　유 원　승 삼 보 력　강 림 도 량

受此供養 '香花請' [향기로운 꽃을 뿌리며 청함]
수 차 공 양　　 향 화 청

옴, 일심으로, 저울로 자취에 응하시고 실제로 과보의 원인에 보답하시며, 안으로 보살의 자비를 비밀리 지니시나 겉으로는 천신의 위엄을 드러내시며, 높고 높은 방편 헤아리기 어렵고 넓고 넓은 신통도 측량할 수 없으며, 중생들의 선악을 살피시고 고락과 살활과 연촉을 분명히 하여 다 주관하시는 대 위덕주 금일 당재 제칠 태산대왕 제일진광대왕 제이초강대왕 제삼송제대왕 제사오광대왕 제오염라대왕 제육변성대왕 제팔평등대왕 제구도시대왕 제십 오도전륜대왕을 수석으로 하여 태산부군 판관귀왕 장군동자 감재사자 직부사자 졸리와 제반의 병종권속들을 받들어 청하오니, 삼보님의 법력에 의지해서 도량에 강림하여 공양을 받으소서.

○ 都歌詠(도가영, 명부시왕의 공덕을 찬탄하며 읊는 게송)

諸聖慈風誰不好 冥王願海最難窮
제 성 자 풍 수 불 호　 명 왕 원 해 최 난 궁
五通迅速尤難側 明察人間瞬息中
오 통 신 속 우 난 측　 명 찰 인 간 순 식 중

모든 성현 자비 바람 누가 좋아하지 않으리오.
명왕들의 원력은 바다 같아 끝을 알기 어렵네.
다섯 신통 신속하여 헤아리기 더욱 어려우니
순식간에 인간 세계 분명하게 살피시네.

故我一心歸命頂禮
고 아 일 심 귀 명 정 례

○ 當齋歌詠(당재가영, 당재 왕 소청 시 찬탄하는 게송)

權衡應跡大菩薩 實報酬因是聖王
권 형 응 적 대 보 살   실 보 수 인 시 성 왕

威靈神力何煩問 觀察閻浮迅電光
위 령 신 력 하 번 문   관 찰 염 부 신 전 광

방편의 모습으로 자취에 응하시는 큰 보살님
진실로 은혜의 대가에 보답하시는 성왕이시여
위엄 있고 영명한 신통력 어찌 번거롭게 물으리.
염부제 관찰하심 빠르기 번갯빛 같아라.

故我一心歸命頂禮
고 아 일 심 귀 명 정 례

○ 獻座偈呪(헌좌게주, 법사 요령)

我今敬設寶嚴座 普獻一切冥王衆
아 금 경 설 보 엄 좌   보 헌 일 체 명 왕 중

願滅塵惱妄想心 速圓解脫菩提果
원 멸 진 뇌 망 상 심   속 원 해 탈 보 리 과

옴 가마라 싱하 스바하

○ 茶偈(다게)

今將甘露茶 奉獻十王前
금 장 감 로 다   봉 헌 시 왕 전

鑑察虔懇心 願垂哀納受
감 찰 건 간 심   원 수 애 납 수

제가 이제 감로차를 시왕 전에 받들어 올리오니,
단월의 정성을 살피시어 자비로써 받으옵소서.

淨法界眞言 옴 람 [삼칠편]
정 법 계 진 언

進供眞言 옴 반쟈 스바하
진 공 진 언

變食眞言 (음식이 한량없이 많아지고 변하게 하는 진언)
변 식 진 언

나막 살바 다타아다 바로기데
「옴 삼바라 삼바라 훔」 [이칠편]

出生供養眞言 옴 [이칠편]
출 생 공 양 진 언

淨食眞言 옴 다갸 바라 훔 [이칠편]
정 식 진 언

以此加持妙供具
이 차 가 지 묘 공 구

供養十王府君等衆 [절]
공 양 시 왕 부 군 등 중

以此加持妙供具
이 차 가 지 묘 공 구

供養判官鬼王等衆 [절]
공 양 판 관 귀 왕 등 중

以此加持妙供具
이 차 가 지 묘 공 구

供養諸位眷屬等衆 [절]
공 양 제 위 권 속 등 중

普供養眞言
보공양진언

옴 아아나 삼바바 바아라 혹

普廻向眞言
보회향진언

옴 삼마라 삼마라 미만나 사라마하 자거라바 훔

● 和請(화청)[1]

[삼장보살과 시왕과 권속을 두루 청해 왕생극락을 청하는 의식]

志心乞請	志心乞請	上界敎主	天藏
지심걸청	지심걸청	상계교주	천장
菩薩	侍衛眷屬	三界天主	天人
보살	시위권속	삼계천주	천인
眷屬	日月天子	北極眞君	大星
권속	일월천자	북극진군	대성
小星	普天列曜	兼及法界	十類
소성	보천열요	겸급법계	십류
大仙	苦行持明	眞仙等衆	今日
대선	고행지명	진선등중	금일
亡者	某人英靈	哀憫覆護	速離
망자	모인영령	애민복호	속리

---

[1] 『범음산보집』(한불전11, 474ab).

苦海(고해) 生於淨刹(생어정찰)

志心乞請(지심걸청) 志心乞請(지심걸청) 陰府敎主(음부교주) 持地(지지)
菩薩(보살) 侍衛眷屬(시위권속) 金剛密迹(금강밀적) 守護(수호)
持呪(지주) 護法善神(호법선신) 娑竭羅龍王(사가라용왕) 諸(제)
大眞君(대진군) 阿素洛王(아소라왕) 各幷眷屬(각병권속) 泊(계)
及法界(급법계) 幽顯神祇(유현신기) 主宰靈聰(주재영총) 官(관)
寮等衆(료등중) 今日亡者(금일망자) 某人英靈(모인영령) 哀(애)
憫覆護(민복호) 速離苦海(속리고해) 生於淨刹(생어정찰)

志心乞請(지심걸청) 志心乞請(지심걸청) 幽冥敎主(유명교주) 持藏(지장)
菩薩(보살) 侍衛眷屬(시위권속) 左右補處(좌우보처) 道明(도명)
尊者(존자) 無毒鬼王(무독귀왕) 琰魔天子(염마천자) 諸位(제위)
冥君(명군) 十八獄王(십팔옥왕) 三臺八辟(삼대팔벽) 四相(사상)
九卿(구경) 一切宰輔(일체재보) 判官鬼王(판관귀왕) 將軍(장군)
童子(동자) 四直使者(사직사자) 卒吏諸班(졸리제반) 阿旁(아방)

等衆(등중)

一心乞請(일심걸청) 南方教化(남방교화) 接引衆生(접인중생) 持藏(지장)
菩薩(보살) 持藏菩薩(지장보살) 持藏菩薩(지장보살) 今日(금일)
齋會(재회) 無主孤魂(무주고혼) 哀憫覆護(애민복호) 速離(속리)
苦海(고해) 生於淨刹(생어정찰)

[칠재용, 사십구일재용]

지심걸청 지심걸청 나모일심봉청
어-얼랑 두어두고 금일 칠재
금일 영령 선○○ ○○ 영령
인간세상에 나왔다가 명부세계에 돌아
간 지 어언간에 49재가 당도하여 그의
권속이 함께 모여 지극하신 정성으로
명부상단 불을 밝혀 다과공양을 진설
하고 좋은 법문 많이 듣고 왕생극락하
시라고 지성으로 발원하니 삼천대천

불보살이 도량에 강림하여 금일영령을
극락세계로 인도하니~~

[추선재]

걸청 걸청 지심걸청
금월 금일 모씨의 선망 모인,
왕생극락하시라고 이 회상에서
추선공양 지낼 적에
삼천대천 불보살이 도량에 강림하여
금일영령 위주하고 일체 혼령들을
극락세계 인도하니 ~ ~

[비상혼령]

지심걸청 지심걸청 나모일심봉청
오호라 애닯고도 슬프도다
금일 영령 이 세상에 나왔다가
짧은 인연 접으시고 명부세계로
돌아가니 그의 권속 지극한 정성으로

모칠재를 지내오니
금일 영령 일심으로 금일법문 들으시
고 왕생극락하십시오. [운운]

○ 祝願和請(축원화청, 화청 후 소원을 빎)

● 반야심경 염송(밖을 향함)

[상단의 공양물을 옮기기도 하며, 영단에 음식도 차려야 함.]

2-3 靈飯(영반, 어타 혼령은 헌식규 진행)

[요령·목탁, 325~335쪽 참조하여 진행]

제3사례: 四十九日齋
_{사 십 구 일 재}

[천수 염송으로 도량을 엄정함, 영혼식 때 관욕한 경우 신중작법 이후 관욕의식을 하지 않고 3-3 독경의식으로 들어간다.]

3-1 神衆作法(신중작법, 신중을 청해 옹호를 부탁드림)

3-1-1 擁護偈(옹호게)

八部金剛護道場　空神速赴報天王
팔 부 금 강 호 도 량　공 신 속 부 보 천 왕
三界諸天咸來集　如今佛刹補禎祥
삼 계 제 천 함 래 집　여 금 불 찰 보 정 상

　팔부 금강이여, 도량을 옹호하시고,
　공중의 신이여, 천왕궁에 아뢰소서.
　삼계 천신께서 모두 다 모이셨으니
　지금같이 불국토의 상서를 도우소서.

3-1-2 請八金剛四菩薩(청팔금강사보살)

奉請青除災金剛　　奉請辟毒金剛
봉 청 청 제 재 금 강　　봉 청 벽 독 금 강
奉請黃隨求金剛　　奉請白淨水金剛
봉 청 황 수 구 금 강　　봉 청 백 정 수 금 강
奉請赤聲金剛　　　奉請定持災金剛
봉 청 적 성 금 강　　　봉 청 정 지 재 금 강

奉請紫賢金剛　　奉請大神金剛
봉청자현금강　　봉청대신금강

奉請金剛眷菩薩　　奉請金剛索菩薩
봉청금강권보살　　봉청금강삭보살

奉請金剛愛菩薩　　奉請金剛語菩薩
봉청금강애보살　　봉청금강어보살

○ 歌詠(가영, 공덕을 찬탄하며 읊는 게송)

擁護聖衆滿虛空　都在毫光一道中
옹호성중만허공　도재호광일도중
信受佛語常擁護　奉行經典永流通
신수불어상옹호　봉행경전영유통

　허공에 가득하신 옹호성중은
　모두가 백호광명에 싸여 있으시네.
　가르침을 수지하여 늘 옹호하며
　경전을 받들어 길이 유통하시네.

故我一心歸命頂禮
고아일심귀명정례

　저희 이제 일심으로 귀명정례하옵니다.

3-1-3 茶藥偈(다약게)

淸淨名茶藥　能除病昏沈
청정명다약　능제병혼침
唯冀擁護衆　願垂哀納受
유기옹호중　원수애납수

　청정한 명다와 묘약은 능히 질병과 혼침을 없애니

옹호신중이여, 자비로써 가엾이 여겨 받으옵소서.

3-1-4 歎白(탄백)

帝釋天王慧鑑明 四洲人事一念知
제 석 천 왕 혜 감 명　사 주 인 사 일 념 지

哀愍衆生如赤子 是故我今恭敬禮
애 민 중 생 여 적 자　시 고 아 금 공 경 례

제석천왕 지혜 거울은 밝아
온 세계의 사람 일을 한순간에 다 아시네.
중생을 어린아이처럼 연민이 여기시니,
저희 이제 공경히 절합니다.

[신중작법이 끝나면 혼령의 업식을 정화하는 관욕식을 하게 된다. 그런데 장례가 끝나고 바로 혼령을 사찰로 모셔 와 혼령을 맞이하는 영혼식을 할 때에 관욕을 이미 하였으면, 다음 의식인 '3-2 관욕의식' 앞부분은 생략하고, 출욕참성편 다음의 지단진언부터 진행한다.]

3-2 灌浴儀式(관욕의식)

○ 擧佛(거불, 붓다의 명호를 칭하고 예를 올림)

南無阿彌陀佛
나 모 아 미 타 불

南無觀世音菩薩
나 모 관 세 음 보 살

南無大勢至菩薩
나 모 대 세 지 보 살

● 引詣香浴篇(인예향욕편, 각 위패 입욕 준비)

據 娑婆世界 一四天下 大韓民國 某
거 사 바 세 계 일 사 천 하   대 한 민 국 모

處 居住 某人 [關系 法號] 某人英靈 上來
처 거 주 모 인 관 계 법 호 모 인 영 령 상 래

已憑佛力法力 三寶威神之力 已居道
이 빙 불 력 법 력 삼 보 위 신 지 력 이 계 도

場 [大衆聲鈸 請迎赴浴] [요령 내림]
량   대 중 성 발   청 영 부 욕

正路眞言
정 로 진 언

옴 소싯지 나자리다라 나자리다라 모
라다예 자라자라 만다만다 하나하나
훔 바탁

○入室偈(입실게, 욕실에 들어가며 들려주는 게송)

一從違背本心王 幾入三途歷四生
일 종 위 배 본 심 왕　기 입 삼 도 력 사 생
今日滌除煩惱染 隨緣依舊自還鄉
금 일 척 제 번 뇌 염　수 연 의 구 자 환 향

단 한 번의 본래 마음 등진 때부터
삼도사생 그 얼마나 윤회했던가.
오늘에야 물든 번뇌 씻어 없애니
인연 따라 본향으로 돌아가소서.

●加持澡浴篇(가지조욕편, 진언의 위력으로 목욕해 드리는 편)

詳夫 淨三業者 無越乎澄心 潔萬物
상 부　정 삼 업 자　무 월 호 징 심　결 만 물
者 莫過於淸水 是以 謹嚴浴室 特備
자　막 과 어 청 수　시 이　근 엄 욕 실　특 비
香湯 希一濯於塵勞 獲萬劫之淸淨
향 탕　희 일 탁 어 진 로　획 만 겁 지 청 정

자세히 헤아려보니, 삼업을 맑히는 데는 깨끗한 마음보다 나은 것이 없고, 만물을 깨끗이 하는 데는 맑은 물보다 나은 것이 없습니다. 이 까닭에 삼가 욕실을 장엄하게 꾸미고 특별히 향탕수를 마련하여 진로(번뇌)를 씻어 만겁의 청정을 얻으시기를 바랍니다.

[下有灌沐之偈 大衆隨言後和]
　하 유 관 목 지 게　대 중 수 언 후 화

[아래에 관목 게송이 있으니, 대중은 말을 따라 화음으로 염송하십시오.]

○沐浴偈呪(목욕게주, 목욕해 드리는 게송)

我今以此香湯水 灌沐當靈佛弟子
아 금 이 차 향 탕 수　관 목 당 령 불 제 자
身心洗滌令清淨 證入眞空常樂鄕
신 심 세 척 령 청 정　증 입 진 공 상 락 향

제가 지금 이 향기로운 목욕물로

당령 불제자를 목욕시키옵니다.

몸과 마음 깨끗하게 닦아 청정하게 하사

진공의 항상 즐거운 세상에 드시옵소서.

沐浴眞言(목욕해 드리는 진언)
목 욕 진 언

[인법: 두 손 무명지와 소지는 안으로 서로 깍지 끼워 손바닥 속에 넣되 오른손이 왼손을 누른다. 중지를 세워 끝을 서로 떠받든다. 두 손의 두지는 중지 위를 비틀어 붙잡고 두 손의 대지는 중지의 가운데 마디를 누른다.]

옴 바다모 사니사 아모가 아례 훔[삼편]

嚼楊枝眞言(양치질하는 진언)
작 양 지 진 언

[인법: 왼손 대무지(엄지)로 무명지의 아랫마디를 잡고 금강권(金剛拳)을 짓는다.]

옴 바아라하 스바하 [삼편]

漱口眞言 (입을 헹구는 진언)
수 구 진 언

[인법: 왼손으로 금강권을 맺고 왼손의 중지(원바라밀)와 무명지(방편바라밀)와 소지(지혜바라밀)의 세 손가락을 편다.]

옴 도도리 구로구로 스바하

洗手面眞言 (손과 얼굴 닦는 진언)
세 수 면 진 언

[인법: 작양지진언의 인법과 동일하다.]

옴 사만다 바리슛데 훔

● 加持化衣篇 (가지화의편, 진언으로 해탈 옷으로 변하게 함)

某靈 沐浴旣周 身心俱淨 今以如來
모 령   목 욕 기 주   신 심 구 정   금 이 여 래

無上秘密之言 加持冥衣 願此一衣爲
무 상 비 밀 지 언   가 지 명 의   원 차 일 의 위

多衣 以多衣爲無盡之衣 令稱身形
다 의   이 다 의 위 무 진 지 의   영 칭 신 형

不長不短 不窄不寬 勝前所服之衣
부 장 부 단   불 착 불 관   승 전 소 복 지 의

變成解脫之服
변 성 해 탈 지 복

모인 영령이여, 목욕을 이미 마쳤으니, 몸과 마음이 다 깨끗해졌습니다. 이제 여래의 위없는 비밀의 말씀인 다라니로써 저승 옷을 가지합니다. 이 한 벌의 옷이 수많은 옷이 되고, 이 수많은 옷이 다함 없는 옷이 됩

니다. 몸에 맞아 길지도 짧지도 좁지도 넓지도 않게 하여 이제까지의 옷보다 뛰어나니, 해탈의 옷으로 변해지기를 바랍니다.

[故吾佛如來 有化衣財陀羅尼
고 오 불 여 래   유 화 의 재 다 라 니

謹當宣念]
근 당 선 념

[그런 까닭에 우리 붓다님 여래의 화의재다라니를 삼가 염송하소서.]

化衣財眞言(종이옷이 재의로 변화하는 진언, 화의재바라)
화 의 재 진 언

[인법: 이 주(呪)에는 인법(印法)이 없으니, 금강저(金剛杵)가 있으면 그것으로 그 의미를 돕고, 금강저가 없으면 연화합장(蓮花合掌)을 지어도 된다.]

나모 사만다 못다남
옴 바자나 비로기데 스바하

○授衣服飾儀(수의복식의)

某靈 持呪旣周 化衣已遍 無衣者 與
모 령   지 주 기 주   화 의 이 변   무 의 자   여

衣覆軆 有衣者 弃故換新 將詣淨壇
의 부 체   유 의 자   기 고 환 신   장 예 정 단

先整服飾
선 정 복 식

모인 영령이여, 주를 지녀 이미 두루 옷을 변화하였고, 이미 두루 하였습니다. 옷이 없는 분에게는 옷을 드리니 몸을 덮고 옷이 있으신 분께는 헌 옷을 버리고 새 옷으로 갈아입으십시오. 이제 정단에 이르셔야 하니 먼저 옷을 단정히 하십시오.

授衣眞言(옷을 주는 진언)
수 의 진 언

[인법: 오른손은 주먹을 쥐고 왼손으로는 물을 취해, 줄 옷에 그것을 뿌린다.]

옴 바리마라바 바아리니 훔

著衣眞言(옷을 입히는 진언)
착 의 진 언

[인법: 두 손의 대무지로 두지와 중지와 무명지와 소지의 위를 각각 누른다.]

옴 바아라 바사셰 스바하

整衣眞言(옷 매무새를 정리하는 진언)
정 의 진 언

[인법: 두 손의 대무지로 두지와 중지와 무명지와 소지의 위를 각각 누른다. (착의진언과 수인은 同一)

옴 사만다 사다라나 바다메 훔 박

● 出浴參聖篇(출욕참성편, 욕실을 나와 성현을 뵙는 의식)

某靈 旣周服飾 可詣壇場 禮三寶之
모령 기주복식 가예단장 예삼보지

慈尊 聽一乘之妙法 請離香浴 當赴
자존 청일승지묘법 청이향욕 당부

淨壇 合掌專心 徐步前進
정단 합장전심 서보전진

모인 영령이여, 이미 복식이 두루 하였으니, 정단(淨壇)에 이르러 세 보배이신 자비로운 존자님들께 인사드리고 일승의 묘법을 들어야 합니다. 향탕을 나오시어 정단에 나가야 하오니, 두 손을 모으고 마음을 온전히 하여 서서히 앞으로 나아가십시오.

○ 指壇(지단, 관욕을 하였을 때는 이곳부터 시작)

指壇眞言(상단을 가리키는 진언)
지 단 진 언

옴 예이혜 비로자나야 스바하

○ 法身偈(법신게, 정좌게라고도 할 수 있음)

法身遍滿百億界 普放金色照人天
법신편만백억계 보방금색조인천

應物現形潭底月 體圓正坐寶蓮臺
응물현형담저월 체원정좌보련대

법신은 백억세계 두루 차서,
금빛 놓아 인간 천상 비춰주고
일천 강의 달빛같이 근기 따라 나타내시며,

그 몸은 연화대에 바로 앉아 계시네.

● 出發(출발, 위패를 연 등에 모시고 상단을 향해 출발한다.)

南無大聖引路王菩薩
나 모 대 성 인 로 왕 보 살

○ 普禮(보례, 영령(위패)이 상단을 향해 절을 올림)

普禮十方一切佛 [절]
보 례 시 방 일 체 불

普禮十方一切法 [절]
보 례 시 방 일 체 법

普禮十方一切僧 [절]
보 례 시 방 일 체 승

● 安座偈呪(안좌게주, 위패를 받아 청법단에 안치, 법사 요령)

生前有形質 死後無蹤跡
생 전 유 형 질 사 후 무 종 적

請入梵宮寺 安心經一霄
청 입 범 궁 사 안 심 경 일 소

생전에 갖추었던 모습과
성품 죽고 나니 아무런 흔적도 없네.
법왕의 궁전에 드셔서 하루 편히 계십시오.

옴 마니 군다리 훔훔 스바하

○ 茶偈(다게, 재자 영단에 차를 올리고 삼배함)

龍宮滿藏無窮水 莫將茶椀取日容
용 궁 만 장 무 궁 수　막 장 다 완 취 일 용
秋收潭清碧天時 團團孤月處處晶
추 수 담 청 벽 천 시　단 단 고 월 처 처 정

용궁에 가득한 다함 없는
물로 찻잔에 일용을 취하여
푸른 못 푸른 하늘 추수 시절,
둥근 외로운 달 처처를 밝히네.

3-3 說法(설법, 독경으로 대체해도 가함)

[영령(위패)을 청법단에 안좌한 상태에서 의례를 시작할 때는 도량엄정을 하고 상단 거불로 소청하여 헌향의 공양을 올리고, 법문을 듣는 형식의 설법의식을 진행한다.]

3-3-1 上壇擧佛(상단거불, 헌향 공양)

南無 清淨法身 毘盧遮那佛 [절]
나무 청정법신 비로자나불

南無 圓滿報身 阿彌陀佛 [절]
나무 원만보신 아미타불

南無 千百億化身 釋迦牟尼佛 [절]
나무 천백억화신 석가모니불

3-3-2 誦經儀式(송경의식)

淨口業眞言
정구업진언

수리수리 마하수리 수수리 스바하

安土地眞言 [성현을 모시는 진언]
안토지진언

나모 사만다 못다남

「옴 도로도로 디미 스하바」

普供養眞言
보 공 양 진 언

옴 아아나 삼바바 바아라 혹

○ 唱魂(창혼)

某靈 某經 一遍
모 령 모 경 일 편

志心諦聽 志心諦受
지 심 제 청 지 심 제 수

○ 開經偈呪(개경게주, 경전과 법장을 여는 게송과 진언)

無上深甚微妙法 百千萬劫難遭遇
무 상 심 심 미 묘 법 백 천 만 겁 난 조 우

我今見聞得受持 願解如來眞實意
아 금 견 문 득 수 지 원 해 여 래 진 실 의

옴 아라남 아라다

○ 誦經(송경)

[아미타경 등(부록 참조) 당령의 소의경전 독송한 다음]

補闕眞言
보 궐 진 언

옴 호로호로 사야모계 스바하

[영령을 위해 독송을 마치며 중단의 각 시왕에게 권공을 한다.]

3-4 十王勸供 (시왕권공)

○擧佛 (거불, 붓다의 명호를 칭하고 예를 올림)

南無佛陀耶 [절]
나 모 붓 다 야

南無達摩耶 [절]
나 모 달 마 야

南無僧伽耶 [절]
나 모 상 가 야

[명부단은 좌측단이므로 '나모붓다야'를 하고, 우측단은 '나모시방불'로 한다.]

○請詞 (청사, 청하는 말씀)

一心奉請 大悲爲本 陰陽之界 現無
일 심 봉 청   대 비 위 본   음 양 지 계   현 무

邊身 廣濟群迷 世尊收化 而白佛言
변 신   광 제 군 미   세 존 수 화   이 백 불 언

末世衆生 我乃盡度 居歡喜國 南方
말 세 중 생   아 내 진 도   거 환 희 국   남 방

化主 今日道場 若不降臨 誓願安在
화 주   금 일 도 량   약 불 강 림   서 원 안 재

是我本尊 地藏大聖 與左右補處 道
시 아 본 존   지 장 대 성   여 좌 우 보 처   도

明尊者 無毒鬼王 唯願 慈悲 降臨道
명 존 자   무 독 귀 왕   유 원   자 비   강 림 도

場 證明功德
량 증명공덕

일심으로, 대비를 근본으로 삼아 음과 양의 두 세계에 그지없는 몸을 나타내어 널리 숱한 어리석은 중생을 건지시며, 세존께서 교화를 거두시자 붓다님께 "말세 중생을 제가 다 건지겠습니다."라고 말씀드리고, 환희국에 머물고 계시는 남방화주께서 금일 도량에 오시지 않는다면 서원이 있다 할 수 있으리오. 나의 본존 지장 대성과 좌우보처 도명존자 무독귀왕을 받들어 청하오니, 자비로 도량에 강림하여 공덕을 증명하소서.

'**香花請**' [향기로운 꽃을 뿌리며 청함]
향 화 청

○歌詠(가영, 공덕을 찬탄하며 읊는 게송)

掌上明珠一顆寒 自然隨色辨來端
장 상 명 주 일 과 한   자 연 수 색 변 래 단
幾廻提起親分付 闇室兒孫向外看
기 회 제 기 친 분 부   암 실 아 손 향 외 간

손위에 밝은 구슬 맑은 빛이 영롱한데,
자연스레 빛깔 따라 어김없이 나타나고
몇 번이고 일으키고 친절히 일러주니,
어둔 방의 아이들이 밖으로 나가네.

故我一心歸命頂禮
고 아 일 심 귀 명 정 례

○ 證明茶偈(증명다게)

今將甘露茶 奉獻證明前
금 장 감 로 다　봉 헌 증 명 전

鑑此虔懇心 願垂哀納受
감 차 건 간 심　원 수 애 납 수

　제가 이제 감로차를 증명 전에 받들어 올리오니
　단월의 정성을 살피시어 자비로써 받으옵소서.

○ 十王請詞(시왕청사, 각 칠재에는 해당 시왕 위주로 청함)

南無 一心奉請 權衡應跡 實報酬因
나 모　일 심 봉 청　권 형 응 적　실 보 수 인

內秘菩薩之慈悲 外現天神之威猛 嵬
내 비 보 살 지 자 비　외 현 천 신 지 위 맹　외

嵬而方便難思 浩浩而神通莫測 於諸
외 이 방 편 난 사　호 호 이 신 통 막 측　어 제

衆生 校察善惡 明分苦樂 殺活延促
중 생　교 찰 선 악　명 분 고 락　살 활 연 촉

皆悉主宰 大威德主 今日當齋 [第七
개 실 주 재　대 위 덕 주　금 일 당 재　제 칠

泰山大王] 第一秦廣大王 第二初江
태 산 대 왕　제 일 진 광 대 왕　제 이 초 강

大王 第三宋帝大王 第四五官大王
대 왕　제 삼 송 제 대 왕　제 사 오 관 대 왕

第五閻羅大王 第六變成大王 第八平
제 오 염 라 대 왕　제 육 변 성 대 왕　제 팔 평

等大王 第九都市大王 第十五道轉輪
등 대 왕　제 구 도 시 대 왕　제 십 오 도 전 륜

大王 爲首 泰山府君 判官鬼王 將軍
대왕 위수 태산부군 판관귀왕 장군
童子 監齋使者 直符使者 卒吏諸般
동자 감재사자 직부사자 졸리제반
並從眷屬 唯願 承三寶力 降臨道場
병종권속 유원 승삼보력 강림도량
受此供養
수차공양

옴, 일심으로, 저울로 자취에 응하시고 실제로 과보의 원인에 보답하시며, 안으로 보살의 자비를 비밀리 지니시나 겉으로는 천신의 위엄을 드러내시며, 높고 높은 방편 헤아리기 어렵고 넓고 넓은 신통도 측량할 수 없으며, 중생들의 선악을 살피시고 고락과 살활과 연촉을 분명히 하여 다 주관하시는 대 위덕주 금일 당재 제칠 태산대왕 제일진광대왕 제이초강대왕 제삼송제대왕 제사오광대왕 제오염라대왕 제육변성대왕 제팔평등대왕 제구도시대왕 제십 오도전륜대왕을 수석으로 하여 태산부군 판관귀왕 장군동자 감재사자 직부사자 졸리와 제반의 병종권속들을 받들어 청하오니, 삼보님의 법력에 의지해서 도량에 강림하여 공양을 받으소서.

'香花請' [향기로운 꽃을 뿌리며 청함]
 향 화 청

○ 都歌詠 (도가영, 공덕을 찬탄하며 읊는 게송)

諸聖慈風誰不好 冥王願海最難窮
제성자풍수불호 명왕원해최난궁

五通迅速尤難側 明察人間瞬息中
오 통 신 속 우 난 측　명 찰 인 간 순 식 중

모든 성현 자비 바람 누가 좋아하지 않으리오.
명왕들의 원력은 바다 같아 끝을 알기 어렵네.
다섯 신통 신속하여 헤아리기 더욱 어려우니
순식간에 인간세계 분명하게 살피시네.

故我一心歸命頂禮
고 아 일 심 귀 명 정 례

○ 當齋歌詠 (당재가영, 당재 왕 소청 시 찬탄하는 게송)

權衡應跡大菩薩 實報酬因是聖王
권 형 응 적 대 보 살　실 보 수 인 시 성 왕

威靈神力何煩問 觀察閻浮迅電光
위 령 신 력 하 번 문　관 찰 염 부 신 전 광

방편의 모습으로 자취에 응하시는 큰 보살님
진실로 은혜의 대가에 보답하시는 성왕이시여
위엄 있고 영명한 신통력 어찌 번거롭게 물으리.
염부제 관찰하심 빠르기가 번갯빛 같아라.

故我一心歸命頂禮
고 아 일 심 귀 명 정 례

○ 獻座偈呪 (헌좌게주, 법사 요령)

我今敬設寶嚴座 普獻一切冥王衆
아 금 경 설 보 엄 좌　보 헌 일 체 명 왕 중

願滅塵惱妄想心 速圓解脫菩提果
원 멸 진 뇌 망 상 심　속 원 해 탈 보 리 과

제가 이제 경건히 보배 자리 마련하고
일체 명왕 중에 올립니다.
번뇌 망상심 쉬고, 해탈 보리과 원만하게 하소서.

옴 가마라 싱하 스바하

○ 茶偈(다게)

今將甘露茶 奉獻十王前
금 장 감 로 다 봉 헌 시 왕 전
鑑察虔懇心 願垂哀納受
감 찰 건 간 심 원 수 애 납 수

제가 이제 감로차를 시왕 전에 받들어 올리오니
단월의 정성을 살피시어 자비로써 받으옵소서.

淨法界眞言 옴 람 [삼칠편]
정 법 계 진 언

進供眞言 옴 반쟈 스바하
진 공 진 언

變食眞言
변 식 진 언

나막 살바 다타아다 바로기데
「옴 삼바라 삼바라 훔」 [이칠편]

出生供養眞言 옴 [이칠편]
출 생 공 양 진 언

淨食眞言 옴 다갸 바라 흠 [삼편]
정식진언

以此加持妙供具
이차가지묘공구

供養十王府君等衆 [절]
공양시왕부군등중

以此加持妙供具
이차가지묘공구

供養判官鬼王等衆 [절]
공양판관귀왕등중

以此加持妙供具
이차가지묘공구

供養諸位眷屬等衆 [절]
공양제위권속등중

普供養眞言
보공양진언

옴 아아나 삼바바 바아라 훅

普廻向眞言
보회향진언

옴 삼마라 삼마라 미만나 사라마하 자거라바 훔

●和請(화청, 두루 청하여 소원을 빎)[2]

[삼장보살 시왕과 권속을 두루 청하여 왕생극락을 청하는 의식]

志心乞請 上界敎主 天藏
지심걸청 상계교주 천장

菩薩 三界天主 天人
보살 삼계천주 천인

侍衛眷屬 北極眞君 大星
시위권속 북극진군 대성

日月天子 兼及法界 十類
일월천자 겸급법계 십류

普天列曜 眞仙等衆 今日
보천열요 진선등중 금일

苦行持明 哀憫覆護 速離
고행지명 애민복호 속리

志心乞請 某人英靈 苦海
지심걸청 모인영령 고해

大仙 生於淨刹
대선 생어정찰

亡者
망자

志心乞請 陰府敎主 持地
지심걸청 음부교주 지지

菩薩 金剛密迹 守護
보살 금강밀적 수호

侍衛眷屬 娑竭羅龍王 諸
시위권속 사가라용왕 제

持呪 大眞君 洎
지주 대진군 계

護法善神 阿素洛王
호법선신 아소라왕

各幷眷屬
각병권속

---

2) 『범음산보집』(한불전11, 474ab).

及法界幽顯神祇　主宰靈聰　官
급법계　유현신기　　주재영총　관
寮等衆今日亡者　某人英靈　哀
료등중금일망자　　모인영령　애
憫覆護速離苦海　生於淨刹
민복호속리고해　　생어정찰

志心乞請	志心乞請	幽冥教主	持藏
지심걸청	지심걸청	유명교주	지장
菩薩	侍衛眷屬	左右補處	道明
보살	시위권속	좌우보처	도명
尊者	無毒鬼王	琰魔天子	諸位
존자	무독귀왕	염마천자	제위
冥君	十八獄王	三臺八辟	四相
명군	십팔옥왕	삼대팔벽	사상
九卿	一切宰輔	判官鬼王	將軍
구경	일체재보	판관귀왕	장군
童子	四直使者	卒吏諸班	阿旁
동자	사직사자	졸리제반	아방
	等衆		
	등중		

一心乞請　南方教化　接引衆生　持藏
일심걸청　남방교화　접인중생　지장
菩薩　持藏菩薩　持藏菩薩　今日
보살　지장보살　지장보살　금일
齋會　無主孤魂　哀憫覆護　速離
재회　무주고혼　애민복호　속리
苦海　生於淨刹
고해　생어정찰

[칠재용, 사십구일재용]

지심걸청 지심걸청 나모일심봉청 어-얼랑 두어두고 금일 칠재 금일 영령 선○ ○영령 인간세상에 나왔다가 명부세계에 돌아간 지 어언간에 49재가 당도하여 그의 권속이 함께 모여 지극하신 정성으로 명부상단 불을 밝혀 다과공양을 진설하고 좋은 법문 많이 듣고 왕생극락 하시라고 지성으로 발원하니 삼천대천 불보살이 이 도량에 강림하여 금일 영령을 극락세계로 인도하니 ~ ~

[추선재]

걸청 걸청 지심걸청 금월 금일 모인의 선망 모인, 왕생극락하시라고 이 회상에서 추선공양 지낼 적에 삼천대천 불

보살이 이 도량에 강림하여 금일 영령 위주하고 일체 혼령들을 극락세계 인도하니 ~ ~

[비상혼령]

지심걸청 지심걸청 나모일심봉청 오호라 애닯고도 슬프도다. 금일 영령 이 세상에 나왔다가 짧은 인연 접으시고 명부세계 돌아가니 그의 권속 지극한 정성으로 49재(추선재) 지내오니 금일 영령 일심전력 금일법문 들으시고 왕생극락하옵소서. (운운)

○ 祝願和請(축원화청, 소원을 빎)

○ 般若心經(반야심경)

[상단의 공양물을 옮기기도 하며, 영단에 음식도 차려야 함.]

3-5 靈飯(영반, 여타 혼령은 헌식규 진행)

○稱揚聖號(칭양성호, 요령·목탁, 5여래명호 칭명만도 가함)

今日 召請 某靈
금 일 소 청 모 령

南無多寶如來
나 무 다 보 여 래

[인법: 두 손 열 손가락의 끝을 서로
붙여 미부연화형(未敷蓮花形)을 한다.]

나모 바아바데 바라보다
　　아라다나 다타아다야

某靈 由稱多寶如來名號 及眞言加持
모 령 유 칭 다 보 여 래 명 호 급 진 언 가 지
力故 能令汝等 具足法財 稱意所須
력 고 능 영 여 등 구 족 법 재 칭 의 소 수
受用無盡
수 용 무 진

모인 영령이여, 다보여래 명호와 진언을 칭하여 가지
한 힘으로써 그대들은 법의 재물을 구족하게 되었으
며, 뜻을 말한 대로 수용되어 다함이 없을 것입니다.

南無妙色身如來
나 무 묘 색 신 여 래

[인법: 두 손은 손목을 돌려 앞으로 향하고, 왼손의 두지(역바
라밀)와 대지(지바라밀)를 서로 붙인다.]

나모 바아바데 소로바야
다타아다야

某靈　由稱妙色身如來
모령　유 칭 묘 색 신 여 래
名號　及眞言加持力故
명호　급 진 언 가 지 력 고
能令汝等　免醜陋報　諸根具足　相好
능 영 여 등　면 추 루 보　제 근 구 족　상 호
圓滿
원 만

　모인 영령이여, 묘색신여래 명호와 진언을 칭하여 가지한 힘으로써 그대들은 누추한 모습의 과보를 면하고 여러 기관이 잘 구족되어 상호가 원만하게 됩니다.

南無廣博身如來
나 모 광 박 신 여 래

나모 바아바데 미바라아
다라야 다타아다야

[인법: 왼손에는 연화를 잡고 있다고
생각하고, 오른손의 중지(인욕바라밀)와 대지(선정바라밀)는
활을 쏘듯이 소리를 내고 염송을 따라 그것을 튕긴다.]

某靈　由稱廣博身如來名號　及眞言加
모 령　유 칭 광 박 신 여 래 명 호　급 진 언 가

持力故 能令汝等 咽喉寬大 免飢虛
지력고 능영여등 인후관대 면기허

報 自在充足
보 자재충족

모인 영령이여, 묘색신여래 명호와 진언을 칭하여 가지한 힘으로써 그대들은 목구멍이 넓어져서 굶주림의 과보를 면하고 자재하게 충족할 수 있게 됩니다.

南無離怖畏如來
나 무 이 포 외 여 래

[인법: 왼손은 아래로 드리우고 오른손은 손목을 돌려 앞으로 향하고 두지와 대지를 서로 붙잡는다.]

나모 바아바데 배잉가
　　라야 다타아다야

某靈 由稱離怖畏如來名號 及眞言加
모령 유칭이포외여래명호 급진언가

持力故 能令汝等 常得安樂 永離驚
지력고 능영여등 상득안락 영리경

怖 自在無畏
포 자재무외

모인 영령이여, 이포외여래 명호와 진언을 칭하여 가지한 힘으로써 그대들은 항상 안락을 얻어 영원히 두려움을 떠나며 두려움 없는 곳에 자재하게 됩니다.

南無甘露王如來
나 모 감 로 왕 여 래

[인법: 좌우 두 손은 손목을 돌려 앞으로 향하고 왼손의 두지(역바라밀)와 대지(지바라밀)로 소리를 낸다.]

나모 바아바데
　　아마리다 라아야 다타아다야

某靈 由稱甘露王如來名號 及眞言加
모 령　유 칭 감 로 왕 여 래 명 호　급 진 언 가

持力故 能令汝等 免針咽報 得甘露
지 력 고　능 영 여 등　면 침 인 보　득 감 로

味 成大菩提
미　성 대 보 리

모인 영령이여, 감로왕여래 명호와 진언을 칭하여 가지한 힘으로써 그대들은 항상 바늘 끝과 같은 목구멍을 받는 과보를 면하고 감로미를 얻어 큰 보리를 이루게 됩니다.

○眞言變供(진언변공, 진언으로 공양의 변화를 청함)

變食眞言
변 식 진 언

나막 살바 다타아다
　　바로기데

「옴 삼바라 삼바라 훔」

[인법: 왼손은 손바닥을 우러러 심장 쪽에 대고 오른손은 앞을 향해 세워 중지와 대지는 서로 붙잡는다.]

施甘露眞言
시 감 로 진 언

[인법: 좌우 두 손의 손목을 돌려 앞을 향하고 두 손의 두지와 대지는 서로 붙잡고, 나머지 세 손가락은 흩어 펼친다.]

나모 소로바야 다타아다야 다냐타
「옴 소로소로 바라소로 바라소로 스바하」

水輪觀眞言
수 륜 관 진 언

[인법: 왼손에 그릇을 쥐고 있다고 생각하고, 오른손의 중지(인욕바라밀)와 대지(선정바라밀)를 튕긴다. 왼손바닥의 범자 '옴'자에서 다함없는 감로법수가 유출된다고 생각하며 공중으로 튕겨 뿌린다.]

옴 밤 밤 밤 밤

乳海眞言
유 해 진 언

[인법: 두 손을 서로 깍지 끼고 손바닥을 우러러 배꼽에 대고 오른손의 대지(선정바라밀)와 왼손의 대지(지바라밀)는 미세하게 서로 떠받친다.]

나모 사만다 못다남 「옴 밤」

施鬼食眞言
시 귀 식 진 언

[인법: 두 손은 여덟 손가락은 우러러 여덟 손가락을 펴고 소지는 팔목 옆에 이르러 서로 전하며 각각 두 손의 대지 끝을 굽혀 손바닥 중심에 붙인다.]

옴 바라보다 미마례 삼바바 훔

普供養眞言
보 공 양 진 언

[인법: 두 손은 합장하고, 두 중지는 오른쪽이 왼쪽 밖을 누르고 서로 깍지 끼며 손등을 결박하여 붙이고, 이 두 지(식지)를 등지고 보배 모습같이 한다.]

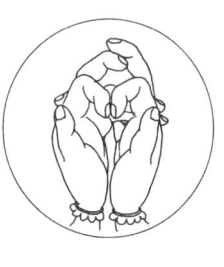

옴 아아나 삼바바 바아라 혹 [삼편]

淨土業儀 (장엄염불)
정토업의

[정토수업: 장엄염불, 하단 시식을 마치고 본격적으로 봉송을 준비하는데, 고혼들의 왕생극락의 선업을 닦아주는 장엄염불을 한다. 스님의 선창을 참석 대중은 '나모아미타불'을 염송한다.]

願我盡生無別念 阿彌陀佛獨相隨
원아진생무별념 아미타불독상수
心心常係玉毫光 念念不離金色相
심심상계옥호광 염념불리금색상

이 한목숨 다하도록 다른 생각 하지 않고,
오직 한 분 아미타 붓다님을 따르오며
마음속에 옥호광명 더욱 깊이 연모하고,
언제나 금빛 붓다 떠나지 않으리다.

我執念珠法界觀 虛空爲繩無不貫
아집염주법계관 허공위승무불관
平等舍那無何處 觀求西方阿彌陀
평등사나무하처 관구서방아미타

마음 모아 염주 들고 법계를 관하오니,
허공으로 끈 삼으니 꿰지 못함 없나이다.
평등하신 노사나불 안 계신 곳 없사오니,
서방세계 아미타불 그리며 구합니다.

南無西方大教主 無量壽如來佛
나모서방대교주 무량수여래불
「南無阿彌陀佛」[십념]
나모아미타불

서방대교주 무량수여래불께 귀명합니다.
나모아미타불

極樂堂前滿月容 玉毫金色照虛空
극락당전만월용 옥호금색조허공
若人一念稱名號 頃覺圓成無量功
약인일념칭명호 경각원성무량공

극락전 앞마당에 가득 찬 달빛 같이
백호금빛 찬란하게 온 우주를 비추누나.
누구든지 한 찰나 간 아미타불 염불하면
잠깐 사이 위없는 정등각을 이루오리.

阿彌陀佛在何方 着得心頭切莫忘
아미타불재하방 착득심두절막망
念到念窮無念處 六門常放紫金光
염도염궁무염처 육문상방자금광

아미타불 어느 곳에 계신가를,
마음속에 꼭 붙들어 잊지를 말고
생각 다해 무념 처에 이르게 되면
눈 귀 코 혀 몸 뜻에서 자금광을 발하리라.

願共法界諸眾生 同入彌陀大願海
원공법계제중생 동입미타대원해
盡未來際度眾生 自他一時成佛道
진미래제도중생 자타일시성불도

법계의 중생들이
아미타불 큰 원력 바다 들어가고
영원토록 중생을 제도하고

다 함께 불도를 이뤄지이다.

南無 西方淨土 極樂世界 三十六萬
나모 서방정토 극락세계 삼십육만

億 一十一萬九千五百 同名同號 大
억 일십일만구천오백 동명동호 대

慈大悲 阿彌陀佛
자대비 아미타불

서방정토 극락세계 삼십육만억 일십일만 구천오백 같은 명호를 지닌 대자대비하신 아미타불께 귀명합니다.

南無文殊菩薩   **南無普賢菩薩**
나모문수보살   나모보현보살

南無觀世音菩薩   **南無大勢至菩薩**
나모관세음보살   나모대세지보살

南無金剛藏菩薩   **南無除障碍菩薩**
나모금강장보살   나모제장애보살

南無彌勒菩薩   **南無地藏菩薩**
나모미륵보살   나모지장보살

南無一切清淨大海衆菩薩摩訶薩
나모일체청정대해중보살마하살

○ 大慈菩薩發願偈(대자보살발원게)

十方三世佛 阿彌陀第一
시방삼세불 아미타제일

九品度衆生 威德無窮極
구품도중생 위덕무궁극

시방세계 붓다님은 아미타불 제일이라,

구품으로 중생 건져 위덕이 한량없네.

我今大歸依 懺悔三業罪
아 금 대 귀 의　참 회 삼 업 죄

凡有諸福善 至心用回向
범 유 제 복 선　지 심 용 회 향

제가 지금 귀의하여 삼업 죄를 참회하고,

모든 복과 선업을 지심으로 회향하니

願同念佛人[3] **感應隨時現**
원 동 염 불 인　감 응 수 시 현

臨終西方境 分明在目前
임 종 서 방 경　분 명 재 목 전

함께 염불하는 이들이 감응하여 수시로 나타나고

임종 때는 서방의 경계가 눈앞에 분명히 나타나며

見聞皆精進 同生極樂國
견 문 개 정 진　동 생 극 락 국

見佛了生死 如佛度一切
견 불 요 생 사　여 불 도 일 체

뵙고 듣고 다 정진하여 함께 극락세계 태어나서,

붓다 뵙고 생사 건너 일체중생 건지길 발원합니다.

○往生偈(왕생게)

願我臨欲命終時 盡除一切諸障碍
원 아 임 욕 명 종 시　진 제 일 체 제 장 애

面見彼佛阿彌陀 即得往生安樂刹
면 견 피 불 아 미 타　즉 득 왕 생 안 락 찰

---

3) 대자보살발원게 가운데 이하 '感應隨時現 臨終西方境 分明在目前 見聞皆精進' 네 구절은 복원하여 실행한다.

제가 목숨 다할 때에 모든 장애 제거되어
아미타불 뵙고서 왕생극락하여지이다.

○ 功德偈(공덕게)

願以此功德 普及於一切
원 이 차 공 덕　보 급 어 일 체

我等與衆生 皆供成佛道
아 등 여 중 생　개 공 성 불 도

이 공덕이 모든 곳에 두루 퍼져
우리 모두 다 함께 불도를 이루어지이다.

● 拜送偈(배송게, 영령을 전송하는 게송)

西方安養國 元是白蓮池
서 방 안 양 국　원 시 백 련 지

今以拜送魂 慇懃向此歸
금 이 배 송 혼　은 근 향 차 귀

[영령에게 절을 올리고, 불전을 향해 봉송의를 행함]

3-5-2 獻食規(헌식규, 여타 고혼을 위한 시식)

[야외 헌식대에서 246~251쪽 활용하여 별도 동시 진행]

3-6 奉送儀(봉송의)

[위패를 들고 불전을 향하여 선다. 인례법사, 목탁]

某靈 旣受香供 已聽法音
모령 기수향공 이청법음

今當奉送 更宜虔誠 奉謝三寶
금당봉송 갱의건성 봉사삼보

금차 지극한 정성으로 청한 제자 사바세계 차 사천하 남섬부주 대한민국 모 도량의 불자들은 이미 향공을 받았고 법음을 들었으니 이제 보내드려야 하니 마땅히 경건하고 정성으로 삼보님께 절을 하십시오.

普禮十方常住佛 [위패를 들고 반절]
보례시방상주불

普禮十方常住法 [위패를 들고 반절]
보례시방상주법

普禮十方常住僧 [위패를 들고 반절]
보례시방상주승

○ 行步偈(행보게, 극락으로 걸음을 떼는 게송, 법사, 합장)

移行千里滿虛空 歸途情忘到淨邦
이행천리만허공 귀도정망도정방

三業投誠三寶禮 聖凡同會法王宮
삼업투성삼보례 성범동회법왕궁

허공 속 천리를 옮겨 갈 때 돌아가는 길에 정을 놓으면 극락세계에 이르리니

삼업으로 정성 다해 삼보님께 절하옵고

성인범부 함께 법왕궁에서 만날 것입니다.

散花落
산 화 락

[引聲] **南無大聖引路王菩薩**
나 모 대 성 인 로 왕 보 살

[소대를 향해 나가기 시작한다.]

○ 法性偈(법성게, 법사 요령·목탁)

法性圓融無二相	諸法不動本來寂
법 성 원 융 무 이 상	제 법 부 동 본 래 적
無名無相絕一切	證智所知非餘境
무 명 무 상 절 일 체	증 지 소 지 비 여 경
眞性甚深極微妙	不守自性隨緣成
진 성 심 심 극 미 묘	불 수 자 성 수 연 성
一中一切多中一	一卽一切多卽一
일 중 일 체 다 중 일	일 즉 일 체 다 즉 일
一微塵中含十方	一切塵中亦如是
일 미 진 중 함 시 방	일 체 진 중 역 여 시
無量遠劫卽一念	一念卽是無量劫
무 량 원 겁 즉 일 념	일 념 즉 시 무 량 겁
九世十世互相卽	仍不雜亂隔別成
구 세 십 세 호 상 즉	잉 불 잡 난 격 별 성
初發心時便正覺	生死涅槃常共和
초 발 심 시 변 정 각	생 사 열 반 상 공 화
理事冥然無分別	十佛普賢大人境
이 사 명 연 무 분 별	시 불 보 현 대 인 경

能入⁴⁾海印三昧中 繁出如意不思議
_{능 입 해 인 삼 매 중 번 출 여 의 부 사 의}

雨寶益生滿虛空 衆生隨器得利益
_{우 보 익 생 만 허 공 중 생 수 기 득 이 익}

是故行者還本際 叵息妄想必不得
_{시 고 행 자 환 본 제 파 식 망 상 필 부 득}

無緣善巧捉如意 歸家隨分得資糧
_{무 연 선 교 착 여 의 귀 가 수 분 득 자 량}

以陀羅尼無盡寶 莊嚴法界實寶殿
_{이 다 라 니 무 진 보 장 엄 법 계 실 보 전}

窮坐實際中道床 舊來不動名爲佛
_{궁 좌 실 제 중 도 상 구 래 부 동 명 위 불}

[봉송소에 이르러 음악을 멈추고 요령 세 번 갈아놓고 행함]

某靈 上來 施食諷經 念佛功德
_{모 령 상 래 시 식 풍 경 염 불 공 덕}

이제까지 베푼 법요의 의식에 의지하여

離妄緣耶 不離妄緣耶
_{이 망 연 야 불 리 망 연 야}

마음속의 망연을 다 여의셨습니까?

離妄緣則 天堂佛刹 任性逍遙
_{이 망 연 즉 천 당 불 찰 임 성 소 요}

망연을 다 여의셨으면 천당이나 극락세계에 마음대로 왕생하시어 법락을 누리소서.

---

4) 「화엄일승법계도」(『한국불교전서』 2책 p.1)에 의거 수정. 다음 구 '번출'과 '능입'은 대구여야 그 의미가 드러나기 때문이다.

不離妄緣則 且聽山僧 末後一偈
불 리 망 연 즉 차 청 산 승 말 후 일 게

만약에 조금이라도 미진한 망령된 인연이 있으시면
산승의 마지막 게송을 들으십시오.

○ 日月偈(일월게)

四大各離如夢中 六塵心識本來空
사 대 각 리 여 몽 중 육 진 심 식 본 래 공

欲識佛祖回光處 日落西山月出東
욕 식 불 조 회 광 처 일 락 서 산 월 출 동

사대가 흩어지니 간밤의 꿈이요,
육진 육식 얽힘 또한 본래 공이다.
불조께서 깨치신 경지 아시겠습니까.
서쪽으로 해가 지고 동쪽에서 달이 솟네.

○ 諷誦加持(풍송가지 염불에 의지해 왕생발원, 요령·목탁)

十方三世一切佛 諸尊菩薩摩訶薩
시 방 삼 세 일 체 불 제 존 보 살 마 하 살

摩訶般若波羅蜜
마 하 반 야 바 라 밀

[다 같이, 요령·목탁]

燒錢眞言 (금·은전, 체전, 위패 등을 사르는 진언)
소 전 진 언

옴 비로기데 스바하 [삼편]

奉送眞言 (봉송진언)

[인법: 두 손은 금강권을 쥔 상태에서 오른손의 두지(정진바라밀)와 왼손의 두지(역바라밀)를 갈고랑이처럼 건다.]

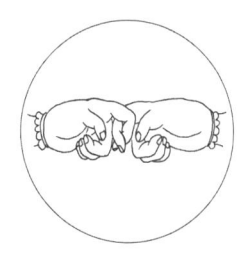

옴 바아라 목사목[5] [삼편]

[아미타불을 염불하며 문밖으로 나와 연 양쪽을 따라 봉송소로 가서 염불을 마친다. 봉송진언 3편을 하고, 불번과 오여래 및 삼단 화번과 위목 등 물건 일체를 불사르고 법회 대중은 함께 원왕생 3구를 외운 다음 상품상생진언 3편과 보신회향편을 마친다. 범음은 3편을 한 연후에 정문으로 들어가서 삼회향을 한다.][6]

上品上生眞言 (극락에 가서 나게 하는 진언) (상품상생진언)

옴 마리다리 훔훔 바탁 스바하 [삼편]

[다 같이, 요령·목탁]

○ 處世間偈(처세간게, 稽首偈, 回向篇)

處世界如虛空 如蓮華不着水
(처세계여허공 여연화불착수)

---

5) 유통본 봉송진언에는 '사다'가 있으나 사자 봉송진언에는 있지만 육도봉송진언에는 없다.
6) 『범음산보집』(H11, 475中下); 『산보범음집』(KR2, 601上).

心淸淨超於彼 稽首禮無上尊
_{심 청 정 초 어 피   계 수 례 무 상 존}

세계에 거처하나 걸림 없는 허공같이,
연꽃에 물이 머물지 않듯이
마음이 청정해 저곳으로 넘어가
무상존께 머리 숙여 예배합니다.

○ 自三歸依(자삼귀의)

自歸依佛
_{자 귀 의 불}

當願衆生 體解大道 發無上意
_{당 원 중 생   체 해 대 도   발 무 상 의}

스스로 붓다님께 귀의하며, 중생들이
위없는 마음 내어 몸으로 대도 알기를 서원합니다.

自歸依法
_{자 귀 의 법}

當願衆生 深入經藏 智慧如海
_{당 원 중 생   심 입 경 장   지 혜 여 해}

스스로 가르침에 귀의하며, 중생들이
바다 같은 지혜의 경장에 깊이 들길 원합니다.

自歸依僧
_{자 귀 의 승}

當願衆生 統理大衆 一切無碍
_{당 원 중 생   통 리 대 중   일 체 무 애}

스스로 승가에 귀의하며, 중생들이
일체 장애 없이 대중을 잘 인도하길 원합니다.

上來 歸依三寶竟 化財功德
상래 귀의삼보경 화재공덕
奉送聖凡雲程 滿十方界
봉송성범운정 만시방계

위에서 삼보에 귀의하였고,
공덕으로 재물을 변화하였으니,
(이제) 성범을 구름길로 봉송하니
시방에 가득하소서.

[衆和] **和南聖衆**
화 남 성 중

[다 함께] "성중(聖衆)께 절합니다."

普回向眞言
보회향진언

옴 사마라 사마라 미마나 사라마하 자거라바 훔 [삼편]

● 三回向(삼회향, 불전 상단을 향해서 염송)

南無歡喜藏摩尼寶積佛 [저두]
나 모 환 희 장 마 니 보 적 불
南無圓滿藏菩薩摩訶薩 [저두]
나 모 원 만 장 보 살 마 하 살
南無回向藏菩薩摩訶薩 [저두]
나 모 회 향 장 보 살 마 하 살

[재회를 마치고 공양을 나누고 마친다.]

참선 수행
參禪 修行

좌선문

[좌선의]

 참선수행에 대해서 원효 대사는 『기신론』을 빌어 "주어정처住於靜處 단좌정의端坐正意"라 말씀하시고, 중국의 천태 지의 대사는 『천태소지관』「조화 제4」에서 "음식을 조절하고, 수면을 조절하며, 몸을 조절하고, 기식氣息을 정돈하며, 마음을 조절하는 다섯 가지 법"을 설하고 있다. 요약하면 조용하고 정갈한 장소에서 조신調身하고, 조식調息하며 조심調心하는 것이다.

 참선을 하고자 할 때는 한적하고 조용한 곳을 찾아 자세를 바르게 하여 단정하게 앉아 뜻을 바르게 하여야 한다. 장소는 참선하는 데 적합한 곳이어야 한다. 주변의 잡음이 차단되는 곳이어야 하며 인공적인 소음이 적은 자연 속의 고요하고 깨끗한 장소이면 더욱 좋다고 할 수 있다.

 우선 자세는 바르게 앉는 것이다. 결가부좌나 반가부좌를 하고 허리의 척추뼈를 반듯이 세우고 오른손을 왼발 위에 놓고 왼손바닥을 오른쪽 손바닥 위에 올려놓으며 양손의 엄지손가락의 끝을 서로 맞대어 받쳐준다. 그리고 몸을 천천히 일으켜 앞으로 펴고, 좌우로 몇 번 흔들어 잘 정돈한 뒤에 몸을 바르게 하여 단정히 앉는다. 허리와 등뼈, 머리와 목의 골절이 서로서로 떠받치어 그 모양이 마치 탑을 세워 놓은 것처럼 반듯하게 한다. 귀와 어깨가 서로 나란히 되도록 하며, 코와 배꼽이 서로 수직이 되게 하고, 혀는 입천장을 가볍게 떠받치게 하며, 위아래의 입술과 이는 서로 맞대어 가볍게 다물도록 한다.

눈은 반쯤 뜨게 하여 졸음에 떨어지지 않게 한다.

둘째는 호흡을 가지런하게 하는 것이다. 몸을 단정히 하여 호흡이 거칠지 않고 부드럽게 하여 자연스럽게 이어져야 한다. 복식(단전)호흡을 통해 호흡이 길어지고 고르게 되도록 하고 수식관을 통해 집중력을 기르게 되면 호흡은 저절로 가지런하게 되어 미세하고 섬세하며 부드러워진다.

셋째는 마음을 바르게 하는 것인데, 계戒를 청정하게 지켜서 마음을 맑게 하고 뜻을 바르게 하는 것이다. 바른 원願을 세우고 삿된 명예나 이익을 쫓는 마음을 떠나야 한다. 고요한 마음이 진여의 이치에 맞아떨어져서 자신은 물론 남도 제도하는 최고의 도에 이르고자 하는 결심을 바로 세우는 것이다.

위와 같이 정갈하고 조용한 장소에서 몸을 다스리고, 호흡을 가지런하게 하며, 마음을 바르게 하여 참선 수행에 돌입하게 된다. 좌선의 시작이다.

삼매: 心一境性[1]의 設立

불교 수행의 목적지는 해탈과 열반입니다. 해탈은 괴로움으로부터의 벗어남이요, 열반은 삼독의 불꽃을 꺼뜨려 행복한 삶을 얻는 것입니다.

괴로움과 삼독(탐진치)의 원인이 내 안에서 일어나는 생각이 원인임을 일단 이해하고 생각이 실체가 없음을 알게 되면 곧 깨달음에 이를 수 있다는 믿음을 가져야 합니다. 생각을 알아채어, 대상경계를 어떻게 조절해 보려는 행위를 멈추고 진여본체로 돌이키는 것이 심일경성을 닦는 것입니다.

우리의 마음에서 일어나는 생각은 폭류처럼 거칠고 엄청나고 걷잡을 수 없이 펼쳐집니다. 이 폭류 속에서 우리가 정신을 차리고 자기 자리를 잡아 본래 자기 모습을 보는 것입니다. 이 생각의 폭류를 우선 멈추는 것이 집중입니다. 휘몰아치는 생각의 소용돌이를 한곳으로 모으고 모아 한 점에 모이게 하고 흐

---

[1] 선정을 얻었다고 하는 것은 심일경성(心一境性, ekaggatā)을 확고하게 갖춘 것이다. 심일경성이란 마음이 한 끝에 집중된 것이다. 팔리어 에깍가따(ekaggatā)는 '일경성(一境性), 집중(concentration), 마음의 평온, 명상(contemplation)'이라는 뜻을 가진다. 후대 논서에 따르면 에깍가따는 52가지 마음의 작용(心所, cetasika) 중 하나로 다른 것과 같아지는 심소(心所)다. 그래서 '에깍가따'는 선한마음의 집중일 때와 불선한 마음의 집중일 때가 있는데, 수행에서 에깍가따는 해탈 열반에 도움이 되는 선한 마음의 집중(善心一境性)을 의미한다.

트러짐 없이 유지되게 합니다. 이 집중이 지속되면 '텅 비어 모양은 없지만 분명하게 인식되는' 보는 자가 인식이 됩니다. 생각이 생각으로 보이고, 대상경계를 대상으로 온전히 인식하는 인식체가 분명해집니다. 이것이 심일경성의 설립입니다.

심일경성이 설립되면 생각이 침범하지 않은 상태(있는 그대로의 상태)로 현장을 볼 수 있습니다. 내 삶 속에서도 내 앞에 펼쳐진 현장을 그대로 드러나게 하는 것입니다. 참선할 때의 분명했던 눈앞의 한 점이 삶 속에서는 눈앞의 현장입니다.

우리는 삶 속에서 괴롭거나 화가 나서 견디기 어려우면 현장을 벗어나려고 발버둥 칩니다. 현장을 외면하기, 대체하기, 싸우기, 도망가기 등의 기술로 싫어하는 현장을 자기만의 방식으로 대처합니다. 하지만 잠시일 뿐 그 현장은 어느 순간 다시 닥쳐옵니다. 그러니 도망가는 것이 능사가 아닙니다. 이때 공부가 본격적으로 시작됩니다. 한 점으로 모아 집중했던 수행을 삶의 현장에서 그대로 적용하여 현장을 있는 그대로 비추어냅니다. 순간순간 일어나는 다른 생각에 휘둘리지 않고 생각이 일어나더라도 알아채어 현장에 집중합니다. 이것이 심일경성心一境性을 닦는 것입니다.

한 점에 집중된 마음이 그대로 유지가 되면 마음은 평온해지고 생각은 잦아들고 아는 재마음가 명확해집니다. 한 점이 흐트러진다면 그 어떤 훌륭한 생각이나 경계도 소용이 없습니다.

이 상태에서 생각이 치밀어 오르거나 화가 나거나 하면 그대로 드러내고 알아차리면 됩니다. 번뇌와 망상은 실체가 아니기에 그대로 인식만 해도 스스로 사라집니다.

[물론 큰 각오를 해야 합니다. 자기가 지은 업은 자기가 받겠다. 죽음이라고 달게 받겠다고 결심해야 합니다. 참선수행을 하면 지은 업도 사라진다는 망상은 버리고 큰 용맹심을 지녀야 합니다.] 참선 수행은 성실함과 진실함만이 우리를 목적지에 데려다주게 됩니다.

이렇게 심일경성이 명확히 설립된 상태에서 참선, 염불, 주력, 절 수행을 하게 되면 수행이 더욱 깊어지고 궁극에 도달할 수 있습니다.

다시 설명해 본다면 심일경성은 마음을 하나의 경계에 집중하여 흔들림 없이 유지하는 것입니다. 자세히 다시 풀어 설명해 봅니다.

마음을 한 곳에 집중해 보면,

① 한 점에 모은 집중이 흐트러져도 생각에 휩싸임을 알아 본인이 평소에 얼마나 생각에 많이 빠져있음을 알게 되고
② 집중이 잘 유지되면 언뜻언뜻 생각이 일어남을 자각하여 생각의 모양새가 이렇구나, 하고 알아 생각을 생각으로 알게 되고
③ 집중이 흐트러지면 생각이 침범했음을 알게 되고
④ 생각이 분명히 보인다는 것은, 보는 입장에서 심일경성이 잘 유지되는 것이며
⑤ 심일경성이 명확히 설립되면 생각을 보게 되고, 생각이 힘을 잃고 생각이 점차 소멸하게 되고 생각이 일어나는 횟수도 감소한다.
⑥ 설립된 심일경성을 지속되게 하는 것이 참선이고 명상이

며, 심일경성이 지속되면 본성에 점점 가까이 도달하며 부드럽고 유연하며 기쁨에 차고 지혜로우며 장애가 와도 피하지 않고 그대로 받아들여 현명하게 수습해 나간다.

⑦ 심일경성이 설립된다는 것은 집중된 마음이 고요하며 형상이 없고 밝고 분명하며 텅 비어있음을 분명히 인식하는 것이다.

⑧ 확연히 분명해지는 심일경성 하에서 번뇌와 생각은 여실히 드러나 자각되고 자각된 번뇌는 마주하는 진여 앞에서 실체 없이 사라져간다.

⑨ 번뇌와 생각은 괴로움의 뿌리이며 더이상 나를 괴롭히지 못한다. 괴로움이 생겨나는 초기의 생각이 등장하려고 할 때 이미 진여(심일경성)가 설립되어 생각의 줄기가 차단되고 뿌리가 뽑힌다.

⑩ 더 이상의 번뇌가 없는 나는 열반이고 생각의 묶임에서 풀려난 나는 본래 자유로운 해탈이다.

⑪ 참선 수행을 통해 해탈과 열반에 도달할 수 있다

⑫ 심일경성이 설립된 상태에서 참선과 염불, 주력, 절 수행을 하게 되면 심일경성이 더욱 확고해져서 번뇌와 생각의 폭류에서 벗어나 일심에 머물러 생멸의 세계에 의연하게 대처해 나갈 수 있다.

⑬ 심일경성을 이루면 반드시 불법의 궁극에 도달할 수 있다.

⑭ 시작은 오정심관(부정관·자비관·인연관·계분별관·수식관)으로 할 수 있다.

⑮ 이보시오! 지금 들리오? 아는 그 마음을 잘 지켜나가는

것이다. 이러쿵 저러쿵에 빠지지 않는 것이다.

심일경성이 명확히 설립되어 수행이 깊어지면 몸과 마음이 부드러워지고 따듯해집니다. 자비의 눈빛과 배려의 손길이 넘실거립니다. 지혜를 겸비하게 되어 작은 일은 작은 대로 큰일은 큰일대로 슬기롭게 해결해 나가게 됩니다.

현장을 떠난 행복은 없습니다. 심일경성이 설립되면 현장, 바로 지금 그 자리에서 행복하게 됩니다. 상락아정의 행복이 갖춰지게 됩니다.

부 록

상좌 불교 예송

예경禮敬

그분, 세존이시며 아라한이시며
완전한 깨달음에 이르신 분께 예배합니다.
그분, 세존이시며 아라한이시며
완전한 깨달음에 이르신 분께 예배합니다.
그분, 세존이시며 아라한이시며
완전한 깨달음에 이르신 분께 예배합니다.

삼귀의三歸依

거룩하신 붓다님께 귀의합니다.
거룩하신 가르침에 귀의합니다.
거룩하신 상가에 귀의합니다.

두 번째도 거룩하신 붓다님께 귀의합니다.
두 번째도 거룩하신 가르침에 귀의합니다.
두 번째도 거룩하신 상가에 귀의합니다.

세 번째도 거룩하신 붓다님께 귀의합니다.

세 번째도 거룩하신 가르침에 귀의합니다.
세 번째도 거룩하신 상가에 귀의합니다.

오계 五戒

살아있는 생명을 해치지 않아야 한다는 계를 지키겠습니다.

남이 주지 않은 물건을 취하지 않아야 한다는 계를 지키겠습니다.

그릇된 성적 행위를 하지 않아야 한다는 계를 지키겠습니다.

거짓된 말을 하지 않아야 한다는 계를 지키겠습니다.

정신을 흐리는 술이나 약물 등에 의지하지 않아야 한다는 계를 지키겠습니다.

붓다 예찬

그분 여래께서는 아라한[應供]이시며,
올바로 완전히 깨달은 분[正遍智]이시며,
지혜와 실천을 구족한 분[明行足]이시며,

진리의 길로 잘 가신 분[善逝]이시며,
세간을 잘 아시는 분[世間解]이시며,
위없이 높으신 분[無上士]이시며,
인간을 잘 길들이는 분[調御丈夫]이시며,
천신들과 인간들의 스승[天人師]이시며,
깨달은 분[佛]이시며 세존(世尊)이십니다.

담마法 예찬

세존께서 잘 설하신 가르침은,
현생에서 즉시 확인할 수 있는 가르침이며,
시간을 초월해 있는 가르침이며,
모든 사람에게 열려 있는 가르침이며,
열반으로 이끌어 줄 수 있는 가르침이며,
지혜로운 이라면 스스로 보고 깨달을 수 있는 가르침입니다.

상가僧 예찬

세상에서 존귀하신 분의 제자들의
   모임인 상가는

좋은 방법으로 수행하며
올바른 방법으로 수행하며
지혜로운 방법으로 수행하며
바르고 적절한 방법으로 수행하니,
이들은 네 쌍의 도와 과를 성취한
  인간들이며,
여덟 부류의 성스러운 수행자들의
  모임으로서,
세존의 성스러운 제자들의 모임인
  이 상가는,
공양을 올릴 가치가 있고,
환대할 가치가 있으며,
보시를 드릴 가치가 있고,
예경을 올릴 가치가 있는,
세상에서 가장 훌륭한 공덕의 복전입니다.

담장 밖의 경(Tirokuḍḍasutta)[2]

① 망자들은 담장 밖에서 그들의 옛집에
들어오려고 문설주 앞에 서 있네.

② 그러나 사람들은 풍부한 음식을 먹고
마시지만 망자가 지은 과거의 업 때문에
누구도 그를 기억하지 않네.

③ 망자를 연민하는 사람들은 적절한 때에
망자에게 맛있고 정갈한 음식으로 보시하며
이렇게 기원해야 하네. "이 공양이 죽은
이에게 전해지기를! 그들이 행복하게
되기를!"

④ 친지들이 보시한 음식 주위에 모여든
망자들은 감사하며 정성 다해 친지들을
축원하네.

⑤ "친지들의 공양으로 이익을 얻었으니
음식을 보시한 친지들이 장수하기를! 그들이

---

[2] Tirokuḍḍasutta, khp7.

담장 밖의 경

이 공덕으로 행복하게 되기를!"

⑥ 망자들의 세계에는 경작지도 없고, 소도 없으며, 팔고 살 물건들이 없다네. 망자들은 오직 우리가 주는 것만으로 살아갈 뿐이라네.

⑦ 산 위에 내린 빗물이 계곡으로 흘러가듯이, 여기서 우리가 주는 것으로 망자들은 이익을 얻는다네.

⑧ 가득한 강물이 바다로 흘러가듯이, 여기서 우리가 주는 것으로 망자들은 이익을 얻는다네.

⑨ "그는 내게 재산을 주었으며 나를 위해 일을 했네! 그는 나의 친족이고 친구이며 동료였네." 이와 같이 과거에 망자가 했던 일을 회상하며 그들을 위해 공양 올려야 하네.

⑩ 울며 슬퍼하고 비탄에 잠긴다 해도 망자에게는 아무런 도움이 되지 않는다네.

⑪ 그러나 확고하게 수행하는 상가에 공양을

올리면 오랫동안 그들에게 공덕이 되고,
망자들은 즉시 좋은 과보를 받네.
⑫ 이것을 친척들의 의무라고 정의하니 이로 인해 죽은 이는 좋은 과보를 받고 상가는 육신을 지탱하는 힘을 얻으니, 그대가 얻는 공덕은 적은 것이 아니라네.

해설:

『담장 밖의 경』은 초기불교의 영혼관을 보여주는 경전이다. 망자를 위한 경전염송과 재승공불의 공덕을 설하고 있는 원천경전이라고 할 수 있다. 밀교에 이르면 아귀다라니경이 출현하고 거기에 의거하여 시식행법이 발달하게 된다. 이 경이 설해진 배경은 다음과 같다.

어느 날 마가다의 왕 빔비싸라는 붓다님과 승단에 공양을 올린 후 자신이 지은 공덕을 회상하며 잠이 들었다. 그런데 꿈에 수많은 괴물들이 울부짖거나 공포스런 모습으로 나타나서 괴롭힘을 당하여 잠을 못 이루게 되자 다음날 붓다님께 자신이 꿈에서 본 이야기를 하며 연유를 물었다. 이에 붓다님께서는 그들은 빔비싸라의 과거생의 친족들로서 악업으로 인해 아귀(Peta, 餓鬼)로 태어나 고통을 받고 있는 것이며, 그들이 꿈에 나타나 괴롭힌 것은 빔비싸라가 자신의 이름으로만 공양을 올리고 그 공덕을 아귀들에게 회향을 하지 않았기 때문이라고 말해 주었다. 그러므로 붓다님은 빔비싸라에게 죽은 친족들의 이름으로 공양을 올린 후에 그들에게 공양의 공덕을 회향할 것을 권하였으며 이 말씀에 따라 빔비싸라가 그대로 행하자 아귀도에 빠져 있던 존재들이 그 공양의 공덕으로 아귀도에서 벗어나게 되었다.

수계의식: 360
포살의식: 370

삼귀오선계를 받지 않은 이가 있을 때는 <수계의식>을 봉행하며, 수계 이후 포살의식을 봉행할 때는 368쪽 입지게송까지 염송 후 수계자가 자리로 돌아간 다음, 386쪽 헌향부터 이어 봉행하고, [바웃다오선계 수계의식만 할 때는 360쪽에서 369쪽 하단 끝까지 실행한다.

정례 포살 때는 370쪽부터 395쪽의 <포살의식>을 끝까지 봉행한다.

교수사는 시작 시각 5분 전에 경쇠를 5번 울려 대중이 정해진 자리에 앉게 하고, 정시가 되면 인례사는 경쇠를 한 번 울리고 의례를 시작한다. 교수사는 각 의식의 진언이나 게송의 제목을 창하면 인례사와 대중은 합송을 한다. 동참 대중은 작은 정성이라도 설재 공양에 동참할 수 있도록 하며, 회수 법사는 불단에서 대중을 향해 앉으며, 인례 법사는 좌우에서 중앙을 향해 서거나 좌정해서 의식을 봉행한다. 설계는 3창을 하는데 회수 법사가 2번 선창하며 대중이 따라서 제창한다. 대중 축원 이후의 법담 시간을 제외하고는 사적 언설을 최대한 자제하며, 종료하면 소임 이외에는 곧바로 귀가하도록 인도한다.

受戒儀式
수 계 의 식

[교수사 개시 5분 전 명종 5타, 대중 운집 정좌 명상 후 인례사 명종 1타 후 진행]

[십념] 나모붓다야

淨法界眞言 옴 람 [삼칠편]
정 법 계 진 언

[대비주 염송하여 가지한 정수를 쇄수법사[전계화상] "시리시리 소로소로"에서 대중과 계단에 뿌려 정화함]

신묘장구대다라니 [370~372쪽]
神 妙 章 句 大 陀 羅 尼

○擧佛(거불, 붓다의 명호를 칭하고 예를 올림, 거불성)

나모상주시방불 [저두]
南 無 常 住 十 方 佛

나모상주시방법 [저두]
南 無 常 住 十 方 法

나모상주시방승 [저두]
南 無 常 住 十 方 僧

[교수사 '진공진언' 하면 인례사는 진언을 염송하고, 대중은 차례로 헌공함]

進供眞言 옴 반쟈 스바하 [삼편]
진공진언

[공양 후 교수사 '운심게주' 하면 대중은 운심게주 염송]

○ 運心偈呪(운심게주, 청수 공양 후 합장 운심)

청정하고 오묘한 향긋한 공양
허공계와 법계에 두루 퍼져서
다함없는 삼보 전에 올립니다.
나막 살바 다타아데박 미새바모계박
살바다캄 오나아데 빠라혜맘
「옴 아아나감 스바하」[삼편]

○ 禮敬供養(예경공양, 예불참회문 〈포살의식〉으로 대체 가능)

나모 본사 석가모니불
南無 本師 釋迦牟尼佛
나모 동방교주 약사유리광불
南無 東方敎主 藥師琉璃光佛
나모 서방교주 아미타불
南無 西方敎主 阿彌陀佛
나모 당래교주 미륵존불
南無 當來敎主 彌勒尊佛
나모 보승장불
南無 寶勝藏佛

나모 보광왕화염조불
南無 寶光王火焰照佛

나모 일체향화자재력왕불
南無 一切香花自在力王佛

나모 백억항하사결정불
南無 百億恒河沙決定佛

나모 진위덕불
南無 振威德佛

나모 금강견강소복괴산불
南無 金剛堅強消伏壞散佛

나모 보광월전묘음존왕불
南無 寶光月殿妙音尊王佛

나모 환희장마니보적불
南無 歡喜藏摩尼寶積佛

나모 무진향승왕불
南無 無盡香勝王佛

나모 사자월불
南無 獅子月佛

나모 환희장엄주왕불
南無 歡喜莊嚴珠王佛

나모 제보당마니승광불
南無 帝寶幢摩尼勝光佛

나모 대지문수보살
南無 大智文殊菩薩

나모 대행보현보살
南無 大行普賢菩薩

나모 대비관세음보살
南無 大悲觀世音菩薩

나모 대원지장보살
南無 大願地藏菩薩
나모 청정해회제대보살
南無 清淨海會諸大菩薩
나모 진허공계 변법계 무진삼보
南無 盡虛空界 遍法界 無盡三寶

○ 大衆齊唱(대중제창)

삼보시여,
크신 사랑과 연민이 여기는 마음으로
제가 올리는 절 받으시고
은밀하게 가피 입게 하소서. [저두]

탐욕 성냄 어리석음을 알아차리고
붓다 교법 승가 대중 언제나 만나
계정혜를 부지런히 항상 닦아서
이마를 만지며 주시는
기별 받기 원합니다.

[수계자 앞으로 나와 불전을 향해 3배하고 호궤 합장]

○ 正說三戒(정설삼계, 전계화상이 삼귀의계를 바로 설함)

붓다를 믿고 칭명하며
받들겠습니다.
붓다의 가르침을 삶의 지표로
삼겠습니다.
청정한 승가를 공경하며
살아가겠습니다.

○ 正說五善戒(정설바웃다오선계, 전계화상이 설함)

나는 생명을 괴롭히거나
죽이지 않겠습니다.
나는 훔치거나
사음하지 않겠습니다.
나는 험한 말을 하지 않겠습니다.
나는 술 담배 육식을
절제하겠습니다.
나는 탐냄 성냄 어리석음을
알아차리겠습니다.

위 다섯 가지 깨끗한 계목은 어느 하나 범해서는 안 되느니, 잘 지킬 수 있겠습니까?

[수계자] "지키겠습니다."

잘 지킬 수 있겠습니까?

[수계자] "지키겠습니다."

잘 지킬 수 있겠습니까?

[수계자] "지키겠습니다."

○受戒者齊唱(수계자제창)

시방 법계 다함없는 삼보님께 아뢰옵니다. 자비를 버리지 마옵시고 밝게 살펴주소서.

우리들은 시작 없는 옛적부터 오늘까지 몸으로 지은 불선업인 살생·도적질·사음과 입으로 지은 불선업인 거짓말·꾸민 말·악한 말·이간질하는 말과 뜻으로 지은 불선업인 탐냄·성냄·사견 등 무거운 죄를 많이 지었습니다. 스스로 짓거나, 남을 시켜 지은 죄가 한이 없으나 삼보 전에 드러내어 참회하오니,

이미 지은 죄는 소멸해 주옵소서.
짓지 않은 죄는 다시 짓지 않으리니
삼보시여, 자비로써 증명하소서.
자비로써 상대 따라 화현하시고
슬기로운 진언 말씀 설해주소서.

관세음보살멸업장진언
옴 아로 늑계 스바하 [삼칠편]

사생육도 법계 유정 짓고 지은 모든 업장 없어지길 바라오며, 저희 이제 참회하고 머리 숙여 절하오니 남김없이 없어져서 세세생생 보살도를

행하게 하옵소서.

[교수사 참회게주 하면 대중은 게주 염송하며,
 연비 법사[전계화상] 연비 진행]

○懺悔偈呪(참회게주, 참회하는 게송과 진언, 제창)

제가 지은 모든 악업
탐진치로 생겨났고
신구의로 지었으니
일체 참회 하옵니다.
옴 살바 못자 보디 사다야 스바하

[연비 끝날 때까지, [전계화상 연비 후, 연비법사에게 건네주면 법사는 대중을 연비하고 마치면 상단에 절한다. 이때 대중 함께 상단을 향해 아래 구문을 염송하며 절 절을 올림]

참회를 마치고 삼보님께
절합니다. [절]

○立志偈(입지게, 계율 지닐 것을 서원하는 게송. 대중 제창)

지금부터 붓다 이룰 그날까지
금계를 굳건히 지니옵고
훼손도 범하지도 않겠사오니
붓다시여, 증명하여 주옵소서.
차라리 몸과 목숨 버릴지언정
결단코 물러나지 않겠나이다.

뜻을 세워 마치고
삼보님께 절합니다. [절]

[수계자 제자리로 돌아가며 교수사 '보회향진언' 하며, 인례 대중 염송, 포살의식을 곧바로 진행할 때는 이하를 생략하고, 373쪽의 예참 또는 386쪽 헌향부터 정진함]

보회향진언
普廻向眞言

옴 사마라 사마라 미마나 사라마하 자가라바 훔

수능엄신주 (首楞嚴神呪)

「옴 아날레 비샤데, 비라 바즈라 다레, 반다 반다니, 바즈라 빠니 팟, 훔 뜨룸 팟, 쓰와하」

○ 祝願(축원, 법주 도축)

仰告十方三寶慈尊 許垂朗鑑 大覺牟尼 化輪於沙界 羅漢神通 救護於塵邦 苟切歸依 必蒙饒益

今日 布薩供養者 何福而不成 今日 布薩禮拜者 何灾而不滅 伏願 同參弟子 日日有千祥之慶 時時無百害之災

抑亦 一門眷屬 同致吉祥

然後願 無邊法界 有識含靈 仗此勝緣 俱成正覺

[同誦] 十方三世一切佛 諸尊菩薩摩訶薩 摩訶般若波羅蜜

[축원이 끝나면 퇴공진언을 염송하며
 유사(간사)는 공양물을 내리고 법담을 나눔]

퇴공진언 (退供眞言) 옴 살바 반쟈 스바하

[퇴공을 나누고 점다(點茶 有司分排茶餅)하며 법담 이후 '나모붓다야' 십념 후 대중은 자리 정돈 후 조용히 물러남]

[끝]

포살의식

[교수사 개시 5분 전 명종 5타, 대중 운집 정좌 명상 후 인례사 명종 1타 후 진행]

[십념] **나모붓다야**

● 道場嚴淨(도량엄정, 도량을 정화하는 의식)

정법계진언 옴 람 [삼칠편]
淨 法 界 眞 言

[대비주 염송 중 "시리시리 소로소로"할 때 쇄수법사[전계화상] 감로정수를 사방에 뿌려 대중과 계단을 정화함]

신묘장구대다라니
神 妙 章 句 大 陀 羅 尼

나모 라다나 다라야야, 나막 알야 바로기데새바라야 모디사다바야, 마하사다바야 마하가로니가야,

옴, 살바 바예수 다라나 가라야, 다사명 나막 까리다바, 이맘 알야바로기데새바라 다바, 니라간타 나막 하리나야 마발다 이샤미, 살발타 사다남, 수반,

아예염, 살바 보다남 바바 말아 미수다
감, 다냐타, 옴, 아로계, 아로가마디,
로가디가란데, 혜혜 하례, 마하 모디사
다바, 사마라 사마라 하리나야, 구로
구로 갈마 사다야 사다야, 도로 도로
미연데 마하미연데, 다라 다라 다린나
례새바라, 자라 자라 마라 미마라, 아
마라 몰데, 예혜혜 로계새바라, 라아미
사 미나사야, 나베사미사 미나사야, 모
하자라미사 미나사야, 호로 호로 마라,
호로 하례, 바나마나바, 사라 사라 시
리 시리 소로 소로, 못댜 못댜 모다야
모다야, 매다리야 니라간타, 가마사 날
사남 바라하라나야 마낙 스바하, 싯다
야 스바하, 마하싯다야 스바하, 싯다유
예새바라야 스바하, 니라간타야 스바
하, 바라하목카 싱하목카야 스바하, 바

나마 하따야 스바하, 자가라욕다야 스바하, 상카 섭나 네모다나야 스바하, 마하 라구타 다라야 스바하, 바마 사간타 니샤 시체다 가릿나 이나야 스바하, 먀가라 잘마 니바사나야 스바하, 나모 라다나 다라야야, 나막 알야 바로기데 새바라야 스바하

● 擧佛(거불, 붓다의 명호를 칭하고 예를 올림, 거불성)

나모상주시방불 [저두]
南 無 常 住 十 方 佛

나모상주시방법 [저두]
南 無 常 住 十 方 法

나모상주시방승 [저두]
南 無 常 住 十 方 僧

[교수사 '진공진언' 하면 인례사는 진언을 염송하고, 대중은 차례로 헌공함]

진공진언 옴 반쟈 스바하
進 供 眞 言

[공양 마치면 교수사 '공양게' 하면 대중은 공양게 염송]

○供養偈(공양게)

시방의 조어사 붓다님과
설하신 청정한 미묘법과
삼승 사과 해탈승께 공양하오니
자비로써 가엾이 여겨 거둬주소서.

[시간이 없을 때는 곧바로 385쪽 所禮供養,
수계의식을 하고 할 때는 다음의 예참부터 진행]

○禮佛懺悔文(예불참회문: 예참, 인례 진행, 대중 제창)

대자비로 중생들을 어여삐 보셔
대희대사 베푸시어 제도하시고
수승하신 지혜덕상 장엄하시니
저희들이 정성다해 예배합니다.

나모 금강상사
南 無 金 剛 上 師
귀의불 귀의법 귀의승
歸 依 佛 歸 依 法 歸 依 僧

제가 이제 발심하여 예배하옴은

제 스스로 복 얻거나 천상에 나며
성문 연각 보살지위 구함 아니요
오직오직 최상승을 의지하옵고
높고 바른 보리심을 냄이오이다.
시방세계 여러 종류 모든 중생이
다 함께 무상보리 얻어지이다.

나모 시방 진허공계 일체제불 [절]
南無 十方 塵虛空界 一切諸佛

나모 시방 진허공계 일체존법 [절]
南無 十方 塵虛空界 一切尊法

나모 시방 진허공계 일체현성승 [절]
南無 十方 塵虛空界 一切賢聖僧

나모 여래 응공 정변지 명행족
南無 如來 應供 正徧知 明行足

선서 세간해 무상사
善逝 世間解 無上士

조어장부 천인사 불 세존
調御丈夫 天人師 佛 世尊

[이하 53불은 『관약왕약상이보살경』]

나모 보광불 보명불 보정불
南無 普光佛 普明佛 普淨佛

다마라발전단향불 전단광불
多摩羅跋栴檀香佛 栴檀光佛

마니당불 환희장마니보적불
摩尼幢佛 歡喜藏摩尼寶積佛

일체세간락견상대정진불
一切世間樂見上大精進佛

마니당등광불 혜거조불
摩尼幢燈光佛 慧炬照佛

해덕광명불
海德光明佛

금강뢰강보산금광불
金剛牢强普散金光佛

대강정진용맹불 대비광불
大强精進勇猛佛 大悲光佛

자력왕불 자장불
慈力王佛 慈藏佛

전단굴장엄승불 현선수불
栴檀窟莊嚴勝佛 賢善首佛

선의불 광장엄왕불
善意佛 廣莊嚴王佛

금화광불 보개조공자재력왕불
金華光佛 寶蓋照空自在力王佛

허공보화광불 유리장엄왕불
虛空寶華光佛 琉璃莊嚴王佛

보현색신광불 부동지광불
普現色身光佛 不動智光佛

항복중마왕불 재광명불
降伏衆魔王佛 才光明佛

지혜승불 미륵선광불
智慧勝佛 彌勒仙光佛

선적월음묘존지왕불
善寂月音妙尊智王佛

세정광불 용종상존왕불
世淨光佛 龍種上尊王佛

일월광불 일월주광불
日月光佛 日月珠光佛

혜당승왕불 사자후자재력왕불
慧幢勝王佛 獅子吼自在力王佛

묘음승불 상광당불 관세등불
妙音勝佛 常光幢佛 觀世燈佛

혜위등왕불 법승왕불
慧威燈王佛 法勝王佛

수미광불 수만나화광불
須彌光佛 須曼那華光佛

우담발라화수승왕불
優曇鉢羅華殊勝王佛

대혜력왕불 아촉비환희광불
大慧力王佛 阿閦毘歡喜光佛

무량음성왕불 재광불
無量音聲王佛 才光佛

금해광불 산해혜자재통왕불
金海光佛 山海慧自在通王佛

대통광불 일체법상만왕불
大通光佛 一切法常滿王佛

[이하 35불은 『결정비니경』에 나옴]

나모 석가모니불 금강불괴불
南無 釋迦牟尼佛 金剛不壞佛

보광불 용존왕불 정진군불
寶光佛 龍尊王佛 精進軍佛

정진희불 보화불 보월광불
精進喜佛 寶火佛 寶月光佛

현무우불 보월불 무구불
現無愚佛 寶月佛 無垢佛

이구불 용시불 청정불
離垢佛 勇施佛 清淨佛

청정시불 사류나불 수천불
清淨施佛 娑留那佛 水天佛

견덕불 전단공덕불
堅德佛 栴檀功德佛

무량국광불 광덕불
無量掬光佛 光德佛

무우덕불 나라연불
無憂德佛 那羅延佛

공덕화불 연화광유희신통불
功德華佛 蓮華光遊戲神通佛

재공덕불 덕념불
才功德佛 德念佛

선명칭공덕불 홍염제당왕불
善名稱功德佛 紅燄帝幢王佛

선유보공덕불 투전승불
善遊步功德佛 鬪戰勝佛

선유보불 주잡장엄공덕불
善遊步佛 周匝莊嚴功德佛

보화유보불
寶華遊步佛

보련화선주사라수왕불
寶蓮華善住娑羅樹王佛

[이하 출전 염구경]

나모 법계장신아미타불
南無 法界藏身阿彌陀佛

이와 같은 모든 세계 제불세존은
어느 때나 중생들과 함께하시니
저희들을 이제 다시 살펴주소서
저희들의 지난날을 생각하오면
이생으로 저생으로 그 먼생으로
시작 없는 옛적부터 내려오면서
가지가지 지은 죄가 한이 없으니
제 스스로 혼자서도 지었사옵고
다른 이를 시켜서도 짓게 했으며
남이 하는 나쁜 짓을 좋아하였고
탑전이나 삼보도량 갖춘 물건도
승물이나 사방승물 가릴 것 없이

제것인양 마음대로 갖기도 하고
다른 이를 시켜서도 훔치었으며
상주물건 훔치기를 좋아하였고
무간지옥 떨어질 오역중죄도
제 스스로 혼자서도 지었사오며
다른 이를 시켜서도 짓게 했으며
남이 짓는 오역죄를 좋아하였고
삼악도에 떨어질 십악중죄도
제 스스로 혼자서도 지었사옵고
다른 이를 시켜서도 짓게 했으며
남이 짓는 십불선도 좋아했으니
이와 같은 모든 죄가 태산 같으되
어떤 것은 지금에도 생각에 남고
어떤 것은 아득하여 알 수 없으나
알든 말든 지은 죄에 오는 과보는
지옥 아귀 축생도나 다른 악취나

변지하천 멸려차로 떨어지리니
제가 이제 지성 다해 붓다님 전에
이와 같은 모든 죄상 참회합니다.
이 자리에 함께하신 제불세존은
저희들의 온갖 일을 다 아시오니
대자비심 베푸시어 살펴주소서
제가 다시 제불 전에 아뢰옵니다.
저희들이 옛적부터 살아오면서
보시공덕 지었거나 계를 가지되
축생에게 먹이 한입 준 일로부터
청정범행 닦고 익힌 정행공덕과
중생들을 성취시킨 선근공덕과
무상보리 수행해온 수행공덕과
위 없는 큰 지혜의 모든 공덕도
모든 것을 함께 모아 요량하여서
남김없이 보리도에 회향하옵되

시방삼세　상주하신　붓다님께서
지으신　　온갖 공덕 회향하듯이
저도 또한 그와 같이 회향합니다.
제가 이제 모든 죄상 참회하옵고
모든 복덕 남김 없이 수희하오며
붓다님을　청하온　　공덕으로써
무상지혜　이뤄지길　원하옵니다.
시방삼세　상주하신　붓다님들은
시방세계　다함없는　중생들에게
가없고　　한량없는　공덕바다니
제가 이제 목숨 바쳐 절하옵니다.
가없는　　시방세계　그 가운데에
과거현재　미래세의　붓다님들께
맑고 맑은 몸과 말과 뜻을 기울여
빠짐없이　두루두루　예경하옵되
보현보살　행과 원의 위신력으로

널리 일체 여래 전에 몸을 나투고
한몸 다시 찰진수효 몸을 나타내
찰진수불 빠짐없이 예경합니다.
일미진중 미진수효 붓다님 계셔
곳곳마다 많은 보살 모이시었고
무진법계 미진에도 또한 그같이
붓다님이 충만하심 깊이 믿으며
몸몸마다 한량없는 음성으로써
다함없는 묘한 말씀 모두 내어서
오는 세상 일체겁이 다할 때까지
붓다님의 깊은 공덕 찬탄합니다.
아름답기 으뜸가는 여러 꽃타래
좋은 풍류 좋은 향수 좋은 일산들
이와 같은 훌륭하온 장엄구로써
시방삼세 붓다님께 공양하오며
으뜸가는 좋은 의복 좋은 향들과

가루향과 꽂는 향과 등과 촛불의
낱낱 것을 수미산의 높이로 모아
일체여래 빠짐없이 공양하오며
넓고 크고 수승하온 이 내 슬기로
시방삼세 붓다님을 깊이 믿삽고
보현보살 행원력을 모두 기울여
일체제불 빠짐없이 공양합니다.
지난 세상 제가 지은 모든 악업은
무시 이래 탐냄 성냄 어리석음에
몸과 말과 뜻으로서 지어 왔으니
제가 이제 남김없이 참회합니다.
시방세계 여러 종류 모든 중생과
성문 연각 유학 무학 여러 이승과
일체 모든 붓다님과 모든 보살의
지니오신 온갖 공덕 기뻐합니다.
시방세계 계시옵는 세간등불과

가장 처음 보리도를 이루신 님께
위 없는　묘한 법문 설하시기를
제가 이제 지성 다해 권청하옵고
붓다님이 대열반에 들려하시면
무량겁을 이 세상에 계시오면서
일체중생 이락하게 살펴주시길
있는 지성 기울여서 권청합니다.
붓다님을 예찬하고 공양한 공덕
오래 계셔 법문하심 청하온 공덕
기뻐하고 참회하온 온갖 선근을
중생들과 보리도에 회향하옵고
예찬하여 수승한　일체 공덕을
위 없는　진법계에 회향하오며
이치에도 현상에도 막힘이 없고
불법이고 세간이고 걸림이 없는
삼보님과 삼매인의 공덕바다를

제가 이제 남김없이 회향하오니,
모든 중생 신구의로 지은 업장들
잘못 보고 트집 잡고 비방도 하고
나와 법을 집착하여 내던 망견들
모든 업장 남김없이 소멸되어서
순간순간 큰 지혜가 법계에 퍼져
모든 중생 빠짐없이 건져지이다.
허공계가 다하고 중생 다하고
중생업이 다하고 번뇌 다함이
넓고 크고 가없어 한량없으니
저희들의 회향도 이러지이다.

나모 대행보현보살마하살 [삼편, 저두]

○ 所禮供養(소례공양, 인례 대중 제창)

일심으로 시방세계 붓다님께
　　공양 올립니다. [절]

일심으로 시방세계 불법에
  공양 올립니다. [절]
일심으로 시방세계 승보님께
  공양 올립니다. [절]

다함 없는 삼보시여,
저희 공양 받으시고
설계 포살 법회를
증명하여 주옵소서. [저두]

○ 獻香(헌향, 수계자 대표, 인례 대중 제창)

이 향기 시방에 널리 퍼져
붓다세계 한량없이 장엄하여
오선계로 여래향기 이루리다.

○ 十念(십념, 대중 나모붓다야 십념)

● **開經偈**(개경게, 경전과 법장을 여는 게송, 대중 제창)

높고 깊은 붓다님 법
만나옵기 어렵건만

제가 이제 받아 지녀
참된 의미 깨치리다.

○ 施戒宣言(시계선언, 전계화상)

회수 비구 ○○는 공경하는 마음으로 대중에 고합니다.
오늘 ○월 ○일 설재 포살을 위해 함께 모여 일심으로 정진할 것을 다짐합니다.

붓다께서도 부지런히 정진하신 까닭에 높고 바른 깨달음을 얻으셨으니 하물며 나머지 선도법을 말해 무엇하겠습니까.

오늘이 이미 지나감에 목숨 또한 따라 줄어지나니, 마치 줄어드는 물의 물고기와 같거늘 무슨 즐거움이 있겠습니까.

[화상] 대중이 다 모였습니까.
[대중] 다 모였습니다.
[화상] 화합하십니까.
[대중] 화합합니다.
[화상] 대중이 화합함은 무엇을 하기 위함입니까.
[대중] 바웃다오선계를 설하여
포살을 하기 위함입니다.
[화상] 대중 중에 바웃다오선계를 받지 않은 이와 청정하지 못한 이는 없습니까.
[대중] 대중 가운데는 바웃다오선계를 받지 않은 이와 청정하지 못한 이는 없습니다.
[화상] 이 자리에 오지 않은 이들 중 참여할 수 없는 사정과 자기의 청정함을 위임한 이가 있습니까.

[참석하지 못한다고 한 바웃다가 있으면
 설재 대표가 아뢰고, 없을 때는 다음 구절을 합송한다.]

[대중] 사정과 청정함을 말한 이가 없습니다.

[화상] 법사 거사시여, 공경 합장하고 지극한 마음으로 들으십시오.

대중은 묵연히 듣고 죄가 있으면 참회하십시오.

참회하면 안락하고 참회하지 않으면 죄가 더욱 깊어집니다. 죄가 없는 이는 가만히 계십시오. 가만히 계시므로 대중들이 청정한 줄 알게 됩니다.

법사 거사시여, 사람의 몸을 받는 것은 눈먼 거북이 망망대해에서 나무토막을 만난 것과 같으니 사람 몸 받기 어렵고 붓다의 법을 만나기란 더욱 어렵습니다.

자신의 분수를 알아 만족하면 노천에 누워도 안락하나 스스로 만족하지 못하면 천당에 있어도 마음에 차지 않을 것입니다.

재산과 보물을 아끼고 탐내 집착하면 마군의 무리가 되며, 자비심으로 보시하면 참다운 붓다의 제자입니다.

이 세상에 태어날 때 무엇 하나 가지고 온 물건도 없고, 죽어서 떠나갈 때도 빈손으로 떠나갑니다.

천만금의 재물을 가졌더라도 하나도 가져가지 못하고 생전에 지은 죄의 보따리만 가지고 갑니다.

삼 일 닦은 마음은 천년의 보배나 백년 탐한 재물은 하루아침 티끌이라 하였습니다.

법사 거사시여, 지극한 마음으로 붓

다께 귀의하고 사견에 따르지 마시고,
부지런히 수행하여 하루속히 정각을
이뤄 널리 중생을 제도하십시오.

○바웃다五善戒(오선계, 전계화상 선창, 이설화답 삼설제창)

[법사선창, 대중후창]

나는 생명을 괴롭히거나
 죽이지 않겠습니다.
나는 생명을 괴롭히거나
 죽이지 않겠습니다.

[법사 대중 제창]

나는 생명을 괴롭히거나
 죽이지 않겠습니다.

[법사선창, 대중후창]

나는 훔치거나 사음하지
 않겠습니다.
나는 훔치거나 사음하지
 않겠습니다.

[법사 대중 제창]
나는 훔치거나 사음하지
　않겠습니다.
[법사선창 대중후창]
나는 험한 말을 하지 않겠습니다.
나는 험한 말을 하지 않겠습니다.
[법사 대중 제창]
나는 험한 말을 하지 않겠습니다.
[법사선창 대중후창]
나는 술 담배 육식을
　절제하겠습니다.
나는 술 담배 육식을
　절제하겠습니다.
[법사 대중 제창]
나는 술 담배 육식을
　절제하겠습니다.
[법사선창 대중후창]
　나는 탐냄 성냄 어리석음을

알아차리겠습니다.

나는 탐냄 성냄 어리석음을
알아차리겠습니다.

[법사 대중 제창]

나는 탐냄 성냄 어리석음을
알아차리겠습니다.

[전계화상]

대중들이여, 바웃다오선계를 공경하는 마음으로 받아 지니십시오.

눈 밝은 사람은 지혜가 밝아 바웃다오선계를 받아 지닐 수 있어서 불도를 이루기 전이라도 다섯 가지 이익을 얻게 될 것입니다.

첫째 시방 모든 붓다께서 가엾이 여겨 수호함이요.

둘째 목숨을 마칠 때에 정견이 원명하여 환희함이요.

셋째 세세생생에 모든 보살과 도반이 됨이요.

넷째 닦은 공덕으로 계바라밀이 원만히 성취됨이요.

다섯째 금생 내생에 걸쳐 자성계와 복혜가 원만해집니다.

설계한 공덕을 모든 중생에게 회향합니다. 계법 들은 이들은 다 함께 불도를 이루소서.

나모붓다야
고맙습니다.

● 回向偈呪(회향게주, 지은 공덕을 회향하는 게송과 진언, 제창)

바웃다오선계 염송한 공덕을
회향하오니, 고통받는 일체 유정
왕생극락 이뤄지이다.
옴 사마라 사마라 미마나 사라마하
 자가라바 훔

나모 대불정 여래밀인 수증요의
제보살만행 수능엄신주 다냐타
「옴 아날레 비샤데, 비라 바즈라 다레,
반다 반다니, 바즈라 빠니 팟, 훔 뜨
룸 팟, 쓰와하」

●祝願(축원, 회수 소원을 빎)

仰告十方三寶慈尊 許垂朗鑑 大覺牟尼 化輪於沙界 羅漢神通 救護於塵邦 苟切歸依 必蒙饒益
今日 布薩供養者 何福而不成 今日 布薩禮拜者 何災而不滅 伏願 同參弟子 日日有千祥之慶 時時無百害之災
抑亦 一門眷屬 同致吉祥
然後願 無邊法界 有識含靈 仗此勝緣 俱成正覺
[同誦] 十方三世一切佛 諸尊菩薩摩訶薩 摩訶般若波羅蜜

[축원 후 퇴공진언 염송하며 유사 퇴공하여 다과(點茶, 有司分排茶餅) 및 법담, 영험, 선행 등 공유, 가능한 한 참석 대중이 고루 의견을 피력할 수 있도록 사회자는 안내함]

退供眞言 옴 살바 반쟈 스바하

●法談(법담, 대중은 1개월 간의 계 실천 담을 나눔)
●散會(산회, 십념 후 산회하며 자리 정돈 후 물러간다.) [終]

생일권공의식

이 의식은 생일을 맞이하여 삼보님과 십악을 억지하고 십선을 실천하도록 인도하는 명부세계 시왕과 그 권속에게 권공하여 선업을 닦고 금강경을 독송하며 현세는 복과 수명이 늘어나기를 축원하는 약례 생전예수재의식이라고 할 수 있다. 생일을 맞이하여 정성을 다해 삼보님과 시왕님께 권공하고 스님들께 재승(齋僧)하고자 하는 재자가 월 1회 생일권공의식을 통해 선업을 닦고 악업을 참회하여 현세의 안락한 삶을 오래도록 누리며 내세에는 극락의 깨끗한 땅에 태어나기를 발원하며 공덕을 짓고 나누는 이 권공의례는 이웃과 함께 바로 이곳에 정찰을 세우는 실천의례라고 할 수 있다.

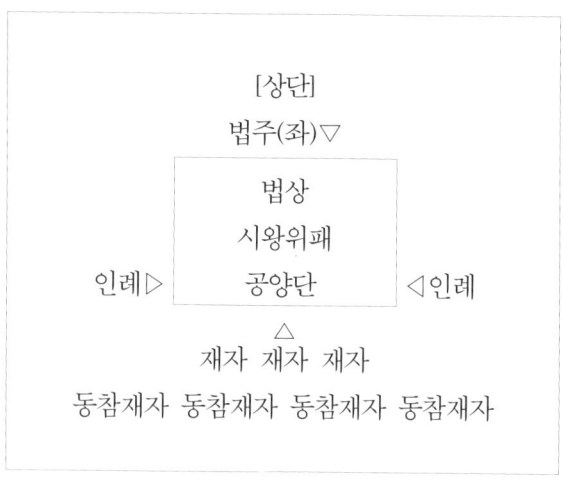

생일권공
生日勸供

● **上壇供養陳設**(상단공양진설)

  인례 법사는 개시 5분 전에 명종 5타 하면, 대중은 법좌에 모여 정좌 명상 후, 시간 되면 법사 명종 1타 후 시작한다.

[십념] **나모붓다야**

● **道場嚴淨**(도량엄정, 도량을 정화하는 의식)

정법계진언 淨法界眞言 **옴 람** [삼칠편]

[대비주 염송하여 쇄수법사 감로정수를 뿌려 대중과 계단과 공양물을 정화]

신묘장구대다라니 神妙章句大陀羅尼 [410~411쪽]

● **十王召請勸供**(시왕소청권공)

  정인(淨人)이 '시왕도위패[명부십대왕여권속(冥府十大王與眷屬)]'를 시왕전에서 모셔 와서 상단에 모셔놓는다. 인례법사가 목탁에 맞춰 진공진언을 염송할 때 권공재자는 증명편재삼보님과 시왕과 권속들에게 차를 올린 다음 법사 스님들께 재(공양)를 올리고, 재자와 대중은 삼보님과 시왕께 삼배한다.

진공진언 옴 반쟈 스바하
進供眞言

○ **供養偈呪**(공양게주, 공양 올리는 게송과 진언)

　삼보님과 시왕님께 공양 올리니
　자비로써 가엾이 여겨 거둬주소서.
　옴 아아나 삼바바 바아라 혹 [삼편, 삼배]

보회향진언
普廻向眞言
옴 사마라 사마라 미마나 사라마하
자가라바 훔 [삼편]

● **金剛經及纂念**(금강경급찬염송)

　염송요경 금강경 1편을 염송하거나 아래 금강경찬 1편 염송하고 보궐진언을 염송한다.

　　금강반야바라밀경찬
　　金　剛　般　若　波　羅　蜜　經　纂

여시아문 선남자선녀인 수지독송차
如是我聞　善男子善女人　受持讀誦此
경찬일권 여전금강경 삼십만편 우
經纂一卷　如轉金剛經　三十万遍　又
득신명가피 중성제휴 국건대력칠년
得神明加被　衆聖提携　國建大曆七年

비산현령 유씨여자 연일십구세신망
毘山縣令 劉氏女子 年一十九歲身亡

지칠일 득견염라대왕문왈 일생이래
至七日 得見閻羅大王問曰 一生已來

작하인연 여자답왈 일생이래편지득
作何因緣 女子答曰 一生已來偏持得

금강경 우문왈 하불염금강경찬 여
金剛經 又問曰 何不念金剛經纂 女

자답왈 연세상무본 왕왈 방여환활
子答曰 緣世上無本 王曰 放汝還活

분명기취 경문종여시아문 지신수봉
分明記取 經文從如是我聞 至信受奉

행 도계 오천일백사십구자 육십구
行 都計 五千一百四十九字 六十九

불 오십일세존 팔십오여래 삼십칠
佛 五十一世尊 八十五如來 三十七

보살 일백삼십팔수보리 이십육선남
菩薩 一百三十八須菩提 二十六善男

자선녀인 삼십팔하이고 삼십육중생
子善女人 三十八何以故 三十六衆生

삼십일어의운하 삼십여시 이십구아
三十一於意云何 三十如是 二十九阿

뇩다라삼먁삼보리 이십일보시 십팔
耨多羅三藐三菩提 二十一布施 十八

복덕 일십삼항하사 십이미진 칠개
福德 一十三恒河沙 十二微塵 七箇

삼천대천세계 칠개삼십이상 팔공덕
三千大千世界 七箇三十二相 八功德

팔장엄 오바라밀 사수다원 사사다
八莊嚴 五波羅蜜 四須陀洹 四斯陀
함 사아나함 사아라한 차시 사과선
含 四阿那含 四阿羅漢 此是 四果僊
인 여아석위가리왕 할절신체 여아
人 如我昔爲歌利王 割截身體 如我
왕석 절절지해시 약유아상 인상 중
往昔 節節支解時 若有我相 人相 衆
생상 수자상 일일 무아견 인견 중생
生相 壽者相 一一 無我見 人見 衆生
견 수자견 삼비구니 수내 칠사구게
見 壽者見 三比丘尼 數內 七四句偈

보궐진언
補闕眞言

옴 호로호로 사야모계 스바하

반야무진장진언
般若無盡藏眞言

나모 바가바떼 쁘라갸 빠라미따예
「옴 이리띠 이실리 슈로다 비샤야 비
샤야 스바하」

금강심진언
金剛心眞言

옴 오륜이 스바하

○ 歎白(탄백, 공덕을 찬탄함)

지장대성위신력 항하사겁설난진
地藏大聖威神力 恒河沙劫說難盡

견문첨례일념간 이익인천무량사
見聞瞻禮一念間 利益人天無量事

　　지장보살 대성인의 크신 위신력,
　　항하사 겁 말하여도 다하지 못해
　　보고 듣고 찰나 동안 예배하여도
　　인간 천상 모두 함께 이익 얻으리.

● 和請(화청, 두루 청하여 소원을 빎)

명십대왕여권속 모씨보체 애민부호
冥十大王與眷屬 某氏寶體 哀愍覆護

[衆和] **현증복수 당생정찰**
　　　　現增福壽 當生淨刹

　　명부 십대왕과 권속이시여,
　　모씨 보체를 연민히 여겨 보호하시고
　　[중화] 현생에는 복과 수명 늘어나고
　　내생에는 정토에 나게 하소서.

● 十王奉送(시왕봉송)

　정인(淨人)이 시왕도위패를 모시고 밖으로 나가서 재자와 대중은 절하며 봉송하거나 향로에서 살라 봉송한다. 법당으로 돌아와 회향진언 염송 후 생일 맞은 이를 축하한다.

보회향진언
普廻向眞言

옴 사마라 사마라 미마나 사라마하 자가라바 훔

수능엄신주
首楞嚴神呪

옴 아날레 비샤데, 비라 바즈라 다레, 반다 반다니, 바즈라 빠니 팟, 훔 뜨름 팟, 쓰와하

● 祝願(축원, 소원을 별도로 빎)

생일재자 모인 현증복수 당생정찰
生日齋者 某人 現增福壽 當生淨刹
세세상행보살도 마하반야바라밀
世世常行菩薩道 摩訶般若波羅蜜

퇴공진언 옴 살바 반쟈 스바하
退供眞言

● 法談 · 飮茶(공양을 나누며 법담과 생일권공재자를 축하함)
● 散會(산회, '나모붓다야' 십념 후 산회)

[권공 마친 자리를 정돈한 후 조용히 퇴좌, 終]

반야심경

 관자재보살이 깊은 반야바라밀다를 행할 때, 오온이 모두 공한 것을 비추어 보고, 온갖 괴로움과 재앙을 건졌다.

 사리자여, 색이 공과 다르지 않고 공이 색과 다르지 않으며, 색이 곧 공이고 공이 곧 색이니, 감각과 표상과 의지와 의식도 또한 그러하다. 사리자여, 이 모든 법은 공하여 나지도 않고 없어지지도 않으며, 더럽지도 않고 깨끗하지도 않으며, 늘지도 않고 줄지도 않는다. 그러므로 공 가운데는 형상(色)도 없고, 감각(受)과 표상(想)과 의지(行)와 의식(識)도 없으며, 눈과 귀와 코와 혀와 몸과 뜻(마음)도 없으며, 형상과 소리와 냄새와 맛과 촉감과 의식(법)도 없으며, 눈의 경계도 없고 의식의 경계까지도 없다. 무명(無明)도 없고 무명이 다함도 없으며, 늙고 죽음도 없고 늙고 죽음이 다함까지도 없으며, 괴로움[苦聖諦]과 괴로움의 원인[集]과 괴로움의 없어짐[滅]과 괴로움을 없애는 길[道]도 없으며, 지혜[智]도 없고, 얻음도 없다.

얻을 것이 없는 까닭에 보살은 반야바라밀다를 의지하므로 마음에 걸림이 없고, 마음에 걸림이 없으므로 두려움이 없어서, 뒤바뀐 헛된 생각을 아주 떠나 완전한 열반에 들었다. 과거·현재·미래의 모든 붓다도 이 반야바라밀다를 의지하므로 아뇩다라삼먁삼보리를 얻을 수 있었다. 그러므로 반야바라밀다의 가장 신비한 주(呪), 가장 밝은 주, 위 없는 주, 비교될 수 없는 주는 온갖 괴로움을 없애며 진실하여 허망하지 않음을 알아라. 그러므로 반야바라밀다주를 설하리라. 곧 진언을 말씀하셨습니다. 「가니, 가니, 건너가니, 완전히 건너가니, 깨달음이 이루어지네.」

의상조사 법성게
義相祖師 法性偈

法性圓融無二相 諸法不動本來寂
법성원융무이상 제법부동본래적

법과 성품 원융하여 두 모습이 원래 없고
모든 법은 부동하여 본래부터 고요하며

無名無相絶一切 證智所知非餘境
무명무상절일체 증지소지비여경

이름 없고 모습 없어 모든 것이 끊어졌고
증지 소지 깨달음은 다른 경계 아니로다.

眞性甚深極微妙 不守自性隨緣成
진성심심극미묘 불수자성수연성

참된 성품 깊고 깊어 미묘하고 지극하여
자기성품 고수 않고 연을 따라 이루었네.

一中一切多中一 一卽一切多卽一
일중일체다중일 일즉일체다즉일

하나 속에 일체 있고 일체 속에 하나 있어
하나가 곧 일체이고 일체가 곧 하나여서

一微塵中含十方 一切塵中亦如是
일미진중함시방 일체진중역여시

작은 티끌 하나 속에 시방세계 머금었고
일체 모든 티끌 속에 하나하나 그러하네.

無量遠劫卽一念 一念卽是無量劫
무량원겁즉일념 일념즉시무량겁

한량없는 오랜 시간 한생각과 다름없고

찰나 순간 한 생각이 한량없는 시간이니

九世十世互相卽 仍不雜亂隔別成
구세십세호상즉 잉불잡난격별성

구세 십세 서로 겹쳐 어우러져 돌아가도
혼란하지 아니하고 따로따로 이뤄졌네.

初發心時便正覺 生死涅槃常共和
초발심시변정각 생사열반상공화

초발심 순간에 바른 깨침 바로 얻고
생과 죽음 열반세계 항상 서로 함께하니

理事冥然無分別 十佛普賢大人境
이사명연무분별 시불보현대인경

이치현상 그윽하여 분별할 수 없음이나
열 붓다님 보현보살 대성인의 경계일세.

能入[1]海印三昧中 繁出如意不思議
능입 해인삼매중 번출여의부사의

붓다님의 해인삼매 자재하게 들어가서
불가사의 여의주를 마음대로 드러내니

雨寶益生滿虛空 衆生隨器得利益
우보익생만허공 중생수기득이익

중생 위한 보배비가 온 허공에 가득하여
중생들은 그릇대로 모두 이익 얻게 되네.

是故行者還本際 叵息妄想必不得
시고행자환본제 파식망상필부득

그러므로 수행자가 본래 자리 돌아갈 제

---

1) 「화엄일승법계도」(『한국불교전서』 2책 p.1)에 의거 수정. 다음 구 '번출'과 '능입'은 대구여야 그 의미가 드러나기 때문이다.

망상심을 쉬잖으면 그 자리에 못 가리니

無緣善巧捉如意 歸家隨分得資糧
무 연 선 교 착 여 의　귀 가 수 분 득 자 량

분별없는 좋은 방편 마음대로 구사하고

본래 집에 돌아갈 제 분수 따라 자량 얻네.

以陀羅尼無盡寶 莊嚴法界實寶殿
이 다 라 니 무 진 보　장 엄 법 계 실 보 전

신령스런 다라니의 한량없는 보배로써

온 법계를 장엄하여 보배궁전 이루어져

窮坐實際中道床 舊來不動名爲佛
궁 좌 실 제 중 도 상　구 래 부 동 명 위 불

진여실상 중도자리 오롯하게 앉았으니

옛적부터 변함없는 붓다라고 부른다네.

범문 대비주

Namo ratna-trayāya, namaḥ āryāvalokiteśvarāya bodhisattvāya, mahāsattvāya mahākāruṇikāya, Oṁ sarva-bhayeṣu trāṇa-karāya tasmai, namaskṛtvā, imam āryāvalokiteśvara-stavaṁ, Nīlakaṇṭha-nāma hṛdayam vartayiṣyāmi, sarvārtha-sādhanaṁ, śubhaṁ, ajeyaṁ, sarva-bhūtānāṁ bhava-mārga-viśodhakaṁ, tadyathā, oṁ āloka e, ālokamati, lokā'tikrānta e, hy-ehi Hare, mahābodhisattva, smara-smara hṛdayaṁ, kuru-kuru karma sādhaya-sādhaya, dhuru-dhuru vijayanta e mahāvijayanta e, dhara-dhara dharaṇiṁdhareśvara, cala-cala malla vimalā, āmala-mūrtte, ehy-ehi Lokeśvara, rāga-viṣaṁ vināśaya, dveṣa-viṣaṁ vināśaya, moha-jāla-viṣaṁ vināśaya, hulu-hulu malla, hulu Hare, Padmanābha, sara-sara siri-siri suru-suru, buddhya-buddhya bodhaya-bodhaya, maitriya Nīlakaṇṭha, kāmasya darśanena prahlādaya manaḥ svāhā, siddhāya svāhā, mahāsiddhāya svāhā, siddha-yogeśvarāya svāhā, Nīlakaṇṭhāya svāhā, varāha-mukha-siṁhamukhāya svāhā, padma-hastāya svāhā, cakrāyudhāya svāhā, śaṅkha-śabda-nibodhanāya svāhā, mahā-lakuṭa-dharāya svāhā, vāma-skanda-deśa-sthita-kṛṣṇ-ājināya svāhā, vyāghra-carma-nivasanāya svāhā, namo ratna-trayāya, namaḥ āryāvalokiteśvarāya svāhā.[2]

---

2) Lokesh, Chandra, 『The thousand-armed Avalokitesvara』(India New Delhi: IGNCA, 1988), 139-141.

신묘장구대다라니
神妙章句大陀羅尼

나모 라다나 다라야야, 나막 알야 바로기데새바라야 모디사다바야, 마하사다바야 마하가로니가야, 옴, 살바 바예수 다라나 가라야, 다사명 나막 까리다바, 이맘 알야바로기데새바라 다바, 니라간타 나막 하리나야 마발다 이샤미, 살발타 사다남, 수반, 아예염, 살바 보다남 바바 말아 미수다감, 다냐타, 옴, 아로계, 아로가마디, 로가디가란데, 혜혜하례, 마하 모디사다바, 사마라 사마라 하리나야, 구로 구로 갈마 사다야 사다야, 도로 도로 미연데 마하미연데, 다라 다라 다린나례새바라, 자라 자라 마라 미마라, 아마라 몰데, 예혜혜 로계새바라, 라아미사 미나사야, 나베사미사 미나사야, 모하자라미사 미나사야, 호로 호로 마라, 호로 하레, 바나마나바, 사라 사라 시리 시리 소로 소로, 못댜 못댜 모다야 모다야, 매다리야 니라간타, 가마사 날사남 바라하라나야 마낙 스바하, 싯다야 스바하, 마하싯다야 스바하, 싯다유예새바라야 스바하, 니라간타야 스바하, 바라하목카 싱하목카야 스바하, 바나마 하따야 스바하, 자가라욱다야 스바하, 상카 섭나 네모다나야 스바하, 마하 라구타 다라야 스바하, 바마 사간타 니샤 시체다 가릿나이나야 스바하, 먀가라 잘마 니바사나야 스바하, 나모 라다나 다라야야, 나막 알야 바로기데새바라야 스바하

● 參考文獻

禮佛懺悔文, 『禪門日誦』, 上海佛學書局.

玄敏 寫(1529), 『請文』.

休靜 撰(1627), 『雲水壇歌詞』.

金山寺(1694), 『諸般文』.

普賢寺(1713), 『刪補梵音集』

智還 編(1707), 『天地冥陽水陸齋儀梵音刪補集』.

亘璇 撰(1826), 『作法龜鑑』.

거해 편역(1994), 『근본불교 예불문』, 삼영불교출판사.

대한불교조계종 의례위원회 편역(2014), 『한글 천수경』, 조계종출판사.

묘성 법안 편(2004), 『염불문』, 우면산 대성사.

박영만(2018), 「한국수륙의문의 성립 및 변용 연구」, 동방문화대학원대 박사학위논문.

법정 옮김, 『원각경 보안보살장』, 팔달산 보문사.

법회연구원 편(2005), 『부모은중경 외』 3판, 정우서적.

법회연구원 편(2005), 『염불왕생문』 3판, 정우서적.

이성운(2011), 『천수경, 의궤로 읽다』, 정우서적.

이성운(2014), 『한국불교 의례체계 연구』, 운주사.

이성운(2018), 『불교의례, 그 몸짓의 철학』, 조계종출판사.

이원섭 역(1988), 『법화경』, 삼중당.

일휴・우천(2008), 『역주 치문경훈』, 정우서적.

전재성 역주(2011), 『숫타니파타 개정본』, 한국빠알리성전협회.

전재성 역주(2024), 『슈랑가마다라니와 수능엄경』, 한국빠알리성전협회.

정우 편(2004), 『지장보살본원경』 3판, 정우서적.

정우 편(2003), 『팔양경・무상계』 초판, 정우서적.

한국테라와다불교(2012), 『테라와다불교의범』, (사)한국테라와다불교.

Chaṭṭha Saṅgāyana Tipiṭaka 4.0, digital edition.

跋文

불학의 길

나모붓다야

　현대를 출판의 홍수 시대라 해도 무방할 것이다. 그러나 이제 종이책은 그 종언을 고하고 있다. 이러한 시대에 우리는 오랜 고뇌 끝에 불교 의례를 정리한 의범을 세상에 내놓게 되었다.

　서언에서 '의문과 행위의 일치'라는 기치를 내걸었듯이, 오늘날 한국불교 사찰에서 행해지는 의례에는 아이러니가 존재한다. 의례 의문의 대사에 실제 행위가 수반되는 경우가 극히 드물다는 점이다. 관행적으로 괘불 설치나 공양 위패 안치 등 제반 준비를 사전에 모두 마친 후 한꺼번에 대사를 올리는 형식으로 의례가 진행되어 왔다.

　더욱이 법당에 상시 봉안된 성현께 드리는 권공마저도 수륙재 방식을 따르고 있다. 공양 대상을 청하고 자리를 권하는 형식 말이다. 하지만 수륙재 형식은 이미 봉안된 성현께 올리는 공양 법식으로는 적절치 않다.

　본 의범은 봉안해 모신 분께 공양을 올리는 온당한 법식을 제시한다. 종전의 청사에서 '봉청'을 '예경'으로, '강림도량'을 '불사자비'로 고쳐 활용하며, 헌좌게주는 삭제하였다.

　예경 역시 조석 예불로 정착된 칠정례는 소청예참 형식에 가까워 이를 채택하지 않고, 봉안한 존상에 대한 찬탄 예경으로 통일하였다. 누구든 해당 존상 앞에서 '절합니다'하고 예를 올리면 되도록 간명하게 정리한 것이다.

칠칠재의 경우, 혼령을 사찰로 모셔와 맞이하는 첫날의 영혼의식은 광략(廣略)으로 제시하였다. 첫 초재부터 육재까지는 경전 염송과 영반을 간략히 정리하였으며, 마지막 칠칠재일에는 상황에 따라 대령, 관욕, 설법, 영반 등을 선택적으로 올릴 수 있도록 편제하였다.

이 의범의 핵심은 『석문의범』(1935)이 채택한 '시종(始終)'의 방편과 참선 형식을 모방한 데 있다. 조석으로 예경과 교화를 행하고, 마지막에는 참선에 들어 자기완성을 이루자는 취지다.

『불학의범』의 전체 취지는 한마디로 '불교하기'다. 예경과 염송, 교화와 보시행의 실천인 시식과 권공을 통해 복덕을 쌓고 무아를 체득하자는 것이다. 의례는 의례 집행자들만의 몫이라는 인식이 팽배한 현실이지만, 붓다를 따르는 순수한 바웃다[불자]들만이라도 이 의범의 취지를 이해하고 수용한다면 더 바랄 것이 없다.

함께한 석학들의 제언을 모으고, 염송의 편의성과 불교의 전통 및 교학의 토대를 지키면서도 현대인의 정서에 부합하도록 심혈을 기울였다. 함께 하는 바웃다들이 이 작은 의범을 의지하여 수행하고 목표를 이룰 수 있기를 불전에 축원한다.

빠라미따

乙巳 玄月

[사]세화불학원의궤편찬회

의장 牛一 박영만

위원 牛祥, 牛迦, 牛南, 牛塵, 牛神, 牛禪, 牛宙, 牛晉, 牛仁, 牛行, 牛晩, 牛顯, 牛果, 牛城, 牛昰, 牛林, 牛觀, 牛和, 牛書, 牛利, 牛香, 淨德, 休靜, 담소.

불학의 범

2025년 11월 01일 초판

편역: [사]세화불학원의궤편찬회
전화: 010 2350 1461, 밴드 바웃다넷

펴낸 곳: 정우북스
펴낸 이: 이미연
서울. 종로구 삼봉로 81. 1231호
신고 1992.5.16. 제1992-000048호
전화 02) 720-5538

20,000원

ISBN: 979-11-992222-0-5 93220